Speech Specification   말하는 것을 보면 그 사람을 알 수 있다!

스피치가 스펙을 이긴다

공미정 지음

청어 _{도서출판}

스피치가 스펙을 이긴다

공미정 지음

발 행 처 · 도서출판 **청어**
발 행 인 · 이영철
영　　업 · 이동호
기　　획 · 이용희
편　　집 · 방세화
디 자 인 · 이혜니 ┃ 이수빈
제작부장 · 공병한
인　　쇄 · 두리터

등　　록 · 1999년 5월 3일
(제321-3210000251001999000063호)

1판 1쇄 인쇄 · 2018년 12월 5일
1판 1쇄 발행 · 2018년 12월 15일

주소 · 서울특별시 서초구 효령로55길 45-8
대표전화 · 02-586-0477
팩시밀리 · 02-586-0478

홈페이지 · www.chungeobook.com
E-mail · ppi20@hanmail.net
ISBN · 979-11-5860-592-6(03190)

이 도서의 국립중앙도서관 출판시도서목록(CIP)은 서지정보유통지원시스템 홈페이지
(http://seoji.nl.go.kr)와 국가자료공동목록시스템(http://www.nl.go.kr/kolisnet)
에서 이용하실 수 있습니다.(CIP제어번호: CIP2018037934)

스피치가 스펙을 이긴다

▌추천사 ▌

가짜, 혹은 어설픈 전문가가 판을 치는 보이스와 스피치의 책이 많습니다. 진짜를 가려내기 힘겨울 지경입니다. 그러나 공미정 교수는 진짜배기입니다. 오랜 세월 방송인으로서 보이스와 스피치의 치열한 전장에서 분투해온 실천가입니다. 그러므로 이 책은 그의 역사이자, 실천의 기록입니다. 공허한 이론에 머물지 않습니다. 진짜를 갈망했던 독자에게 놀라운 효과를 선사하리라 확신합니다.

―조창인(작가)

말 잘하는 사람이 많은 듯하지만, 실제로 '제대로 된 말'을 하는 사람은 아주 드물다. 이 책은 현역시절 내가 쓰고 싶었던 책이다. 그리고 내가 하고 싶던 이야기들이어서 퍽 반갑다. 무엇보다 공미정 교수가 방송과 교육 현장에서 체감한 이야기라 공허하지 않아서 좋다.

―이계진(전 아나운서)

우리는 매일 눈을 뜨는 순간부터 말을 하고, 말을 들으며 삽니다. 그래서 그런지 제일 쉬운 게 '말'이라고 생각하는 사람들이 참 많습니다. 그러나 과연 그럴까요? 우리는 상대방의 말하는 모습으로 그 사람의 진가를 저울질하곤 합니다.

정확도(正確度) 만점입니다. 그러니 말을 잘해야 한다는 건 아무리 강조해도 지나침이 없겠지요. 이 저서에서 그걸 터득할 수 있는 길이 보입니다. '말'이 곧 '사람'입니다.

—안평선(한국방송인회 회장)

국회의사당에서 들려오는 정치인들의 발언에서부터 TV에 출연한 연예인의 잡담에 이르기까지 말이 넘쳐나는 세상이다. 문제는 대부분의 말이 '말 같지 않은 말'이라는 점이다.

오랫동안 전문 방송인으로 일해 온 저자는 이 책을 통해 우리 사회에서 날로 심각해지고 있는 말의 타락실태를 날카롭게 분석하고 바람직한 말하기를 통한 말의 품위회복방안을 제시한다.

—조규석(언론인, 코리안드림타임즈 주필)

십여 년 전 새벽 우연히 라디오에서 흘러나오는 목소리에 피로가 풀리고 상쾌해졌던 경험이 있습니다. 그 목소리의 주인공이 공미정 씨입니다.

새벽 방송에서는 운전자들의 졸음을 깨워주고 위안을 주는 목소리로, 또 정보 프로그램에서는 누구보다 정확하게 정보를 전달하고, 만나면 너무나 친근한 목소리로, 그리고 강단에서는 사랑으로 후학을 양성하고 계시는 저자가 그 멋진 스피치의 비법서를 출간한다고 하니 참 반갑고 고마운 일입니다. 이 책을 통해 독자들의 스피치 실력뿐 아니라 행복지수도 올라갈 거라 믿습니다.

―장수정(방송인, 『말 잘하는 아이로 만드는 스피치 교실』 저자)

❙ 머리말 ❙

"말하는 것을 보면 그 사람을 알 수 있다."

그리스의 철학자 소크라테스의 말입니다. 말을 통해 그 사람의 품격이 드러납니다. 사고 체계는 물론 인격의 수준까지 짐작케 됩니다. 그러므로 말은 곧 그 사람 자체인 셈입니다.

인간은 사회적 동물인 바, 관계를 맺으며 살아가는 존재입니다. 관계는 소통으로 이뤄집니다. 그 소통의 핵심이 바로 말입니다.

진화론적 견해에 따르면, 태초에 인간에게 소통의 일차적 수단은 몸짓이었습니다. 몸짓을 통한 의사전달의 한계 때문에 말이 탄생한 셈입니다. 그러나 초기 인류의 언어 능력은 몸짓의 부수적 수단이었습니다. 직립 생활로 성대가 발달하면서 비로소 전달의 정점을 차지했습니다.

말, 말, 말!

'말'이 넘쳐나는 시대. 아이로니컬하게도 많은 사람들이 불통을 호소합니다. 무슨 말을 해야 하고, 어떻게 정확하고 분명한 언어로 전달해야 옳은지 난감해합니다.

우리 주위에는 말을 잘 한다는 사람들이 참 많습니다. 허물없는 사이에선 술술 잘도 말합니다. 막상 공식적인 자리에 서면 전혀 딴판이 됩니다. 말을 더듬고, 말의 조리가 없고, 목소리는 애처로울 만큼 경직된 채 작아집니다.

미국에서 두려움에 대한 설문조사를 했습니다. 그들이 가장 두려워하는 게 과연 무엇일까요?

바로 '연설(Public Speaking)'이라고 합니다. 바퀴벌레나 쥐, 맹수, 번지점프보다 더 무섭다고 한다는데, 그래서 그들에겐 어린 시절부터 발표와 토론에 비중을 두는 참여 수업이 많습니다.

애석하게도 우리나라는 '스피치 수업' 보다는 '리스닝 수업'에 치중

하는 경향이 농후합니다. 따라서 스피치 능력이 현저히 떨어질 수밖에 없습니다.

사람의 외모는 타고납니다. 노력으로 개선될 여지가 많지 않습니다. 그러나 목소리와 스피치 능력은 후천적 노력에 의해 얼마든지 달라질 수 있습니다.

최근 '스피치'에 대한 관심이 부쩍 높아졌습니다. 대세라 할 만큼 여기저기서 '스피치'의 중요성을 강조합니다.

'첫인상은 3초가 좌우한다'는 말이 있습니다. 그러나 '3초 후' 사람의 마음을 얻을 수 있는 건 목소리입니다. 또한 그 사람의 능력을 판단하는 잣대는 스피치 능력입니다. '3초 후'로부터 지속적으로 사람의 공감을 이끌어내는 능력을 발휘하려면, 목소리와 스피치 향상을 위한 특별한 훈련이 필요합니다.

개인적으론 어릴 때부터 '말'에 대한 관심과 목마름이 참 많았습니다. 요즘은 도처에 'OO아카데미'라는 식의 스피치 코칭 센터가 있습니다. 그러나 저자가 방송생활을 시작하던 때엔 그 비슷한 것조차도 없었습니다. 직접 현장에 뛰어들어 하나둘씩 익혀야 했습니다. 숱한 시행착오와 실수를 반복하면서 말입니다. 그 힘들고 외로웠던 때를 떠올리면 아직까지도 마음 한 구석이 씁쓸해지곤 합니다.

　사람은 누구나 말을 잘 하고 싶어 합니다. 자신의 의사를 상대방에게 정확하고 완벽하게 전달하기를 희망합니다. 그러나 말이 많다고 말을 잘하는 것이 아니듯, 말의 핵심을 남들에게 간략하고 설득력 있게 전달하기란 그리 호락호락하지 않습니다.
　'보이스 트레이닝'과 '스피치 스킬'의 향상은 혼자의 노력만으로 좋은 결실을 맺는 데에는 한계가 있습니다. 한 땀 한 땀의 바느질 같은

전문가의 세심한 코칭을 받아가며 피나는 노력을 할 때에만 좋은 결과를 기대할 수 있습니다.

대학 강의를 하면서 스피치 역량을 키우고자 하는 학생들을 만났습니다. 제한된 강의 시간만으로 학생들의 소망을 충족시키기 어려웠습니다. 참고할 만한 서적을 찾기 위해 도서관, 서점을 뒤졌습니다. 딱히 추천해줄 만한 책이 없었습니다. 소위 스피치 학원이라는 곳의 강의 역시, 전문가의 경험과 이론이 부실해 미덥지 않았습니다. 이러한 이유로, 직접 관련 서적을 써야겠다고 결심했습니다.

저자는 전문 방송인입니다. 스피치학 교수로서 일반 학생들과 만난 것은 우연한 계기에서 비롯되었습니다. 백석대학교 관광학부 학생들에게 '면접이 스펙을 이긴다'라는 주제로 두 시간 동안 특강을 했습니다. 학생들의 호응은 놀라울 정도였습니다. 결국 대학 당국에서

는 '보이스 이미지와 스피치 스킬'이라는 교양과목을 신설했습니다. 1학기에는 80명의 학생에서 2학기 때는 160명 정도가 수강하는 중요 과목이 됐습니다.

학생들은 강의를 통해 보이스와 스피치가 실제로 변하는 과정에 감격했습니다. 면접에서 좋은 결과를 얻었다는 감사의 인사가 이어졌습니다.

왜 학생들이 감격과 감사할까. 이유는 분명했습니다. 저자는 단지 이론만으로 강의하지 않았습니다. 저자는 실천가이기도 합니다. 방송 현장에서 분투해 온 과정과 결과를 통해 실제적 방법을 제시했기 때문입니다.

이 책에는 실제적 방법이 담겨 있습니다. 20년이란 짧지 않은 기간, 방송 현장에서 구상한 원고를 직접 작성하고, 사전의 고저음과 장단음 등을 열심히 공부하며 노력한 결과물인 셈입니다.

이 책을 통해 독자들에게 '스피치'에 대한 자신감이 넘쳐나기를 바랍니다. 스피치를 통해 자신이 지닌 것을 충실히 드러내기만 한다면, 반드시 스펙을 뛰어넘을 수 있습니다. 책에 제시한 방법들을 하나하나 좇다 보면, 어느새 훌쩍 성장하고 변화된 자신과 만나게 되리라 확신합니다.

독자 여러분과 만나게 된 기쁨과 함께, 이 책이 나올 수 있도록 아낌없는 도움을 주신 조창인 작가님(한때 장안의 지가를 높인『가시고기』의 저자)께 감사의 뜻을 전합니다.

▎차 례 ▎

chapter 2. 30초 목소리 트레이닝

chapter 3. 발음 및 음색 조절

chapter 4. 스피치 테크닉

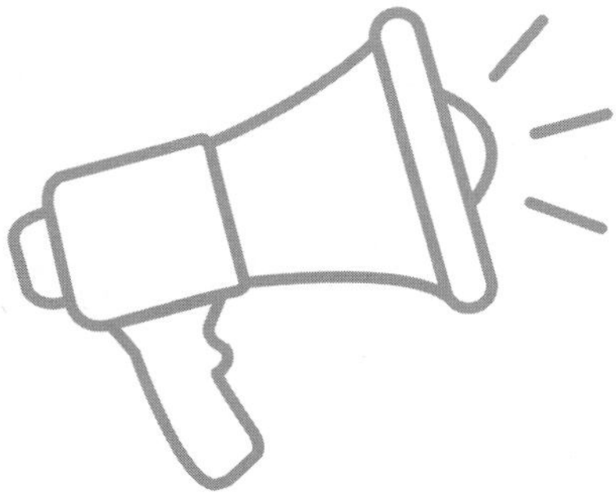

스피치가 스펙을 이긴다

공미정 지음

chapter 1.

스피치로 승부하라

1. 말이 귀에 쏙쏙 들어오네요

누군가와 대화를 하다 보면 꼭 갓난아기 옹알이를 듣는 듯한 답답함을 느끼는 경우가 있다. 반면에 별로 말이 없다가도 어쩌다 한 마디 하는 말이 주옥같은 울림을 주는 목소리를 지닌 사람도 볼 수 있다. 마치 '영혼의 목소리'랄까?

커뮤니케이션의 중심은 목소리를 사용하는 대화이다. 대화의 내용보다 목소리가 먼저 우리의 감각을 자극한다. 호감 가는 목소리는 그 내용에 앞서 저절로 귀 기울이게 만든다.

먼저 우리 주변을 살펴보라. 사회적으로 주목받는 이들의 대부분은 좋은 목소리를 지니고 있다. 반대의 경우도 흔하다. 목소리 때문에 절호의 기회를 놓치고, 목소리가 신뢰감을 주지 못한다는 이유로

계약이 파기되기도 한다.

　고교 시절 한자를 가르치시던 선생님 한 분을 결코 잊을 수가 없다. 아니, 잊히지 않는다. 두 가지 이유 때문이다. 얼굴이 정말 예쁘다는 것, 그런데 목소리는 지독한 괴성이라는 것.

　아름다운 용모에 버금가는 옥구슬 같은 음성을 상상하며 기대했던 우리 사춘기 여학생들에겐 엄청난 충격, 바로 그 자체였다. 수업시간 내내 그분의 목소리를 듣는 게 그야말로 고문 같았다고 한다면 더 이상 무슨 말이 필요하겠나? 지금 생각해도 진땀이 난다.

　목소리는 일상에서, 특히 비즈니스 등에서 오해나 실수를 불러오는 요인이 된다. 그런데도 그 사실조차 인식하지 못 하는 사람들을 보면 그저 답답하다. 다행히 자신의 단점을 정확히 파악해 끊임없는 노력으로 목소리를 바로잡아 성공하는 사람들이 늘고 있다.

　'목소리가 흐릿하고 기분 나쁘다', '목소리가 잘 안 들린다', '목소리 자체가 어둡다', '말이 너무 빠르다'……

　이러한 평가를 받는다면, 우선 목소리의 문제점을 바로잡으려 노력해야 한다. 목소리만으로 상대방에게 불편함을 끼친다면, 공들여 쌓아올린 스펙이 무슨 소용이 있겠는가.

　누군가 어느 사무실에 전화를 걸어 "사장님, 어디 계신가요?"라고 물었다. 전화 받은 사람은 "사장님, 댁으로 가셨는데요."라고 대답했다. 전화 건 사람이 '댁으로'를 '대구로'로 잘못 알아듣고 대구까지 만나러 갔었다는 웃기는 이야기가 있다. 두말할 나위 없이 잘못 전달된 목소리 탓이다.

이 내용이 주는 의미는 시사하는 바가 매우 크다. 우리는 말을 듣고, 말을 하고, 말로 감정을 나누고, 말이라는 도구로 정보를 전달한다. 이 절대적인 부분이 흔들리고 모호하고 어긋난다면, 우리는 세상 속에서 외딴섬에서의 삶처럼 지낼 수밖에 없게 된다.

우리는 살아가면서 강의나 강연 이외에 전화상담, 거래상담, 프레젠테이션, 회사설명회, 주식총회, 각종 세미나나 포럼 등 사람들 앞에서 말을 할 기회가 참 많다. 특히 저자의 직업 같은 방송 진행자나 행사의 사회자가 목소리가 나쁘다거나, 말을 우물거릴 경우엔 누구에게도 절대로 좋은 인상을 줄 수 없을 것이다. 그 자신도 내심 '오늘 망했구나!' 하는 생각을 떨칠 수 없으리라.

요즘은 어느 행사든 사화자의 일방통행이 아니다. 참석자들 중 연단에 설 기회가 많이 주어진다. 그때 목소리가 지나치게 크거나 가냘프면 문제가 된다. 또 탁자를 탕탕 내려치며 고함을 지른다거나, 반대로 자신감 없는 소극적 태도로 일관한다면 행사의 이미지도 추락한다. 그날의 중요 결정 사항까지도 의심을 받게 되는 심각한 사태에까지 이른다.

동업을 한다면 어떤 사람과 하겠는가? 물건을 구매한다면 누구와 거래하겠는가? 당연히 명쾌하고, 알맞은 볼륨의 매력적인 목소리의 주인공을 선호하지 않겠는가.

이름만 대면 알만한 어느 남자배우의 경우이다.

그는 사투리가 너무 심해 성우에게 더빙을 의뢰하곤 했다. 연기는 맛깔나게 해내는데 영화제에서 번번이 상을 받지 못했다. 배우들이 영화 속에서 자신의 목소리 연기가 정해진 일정 부분만큼 돼야만 수상 자격이 주어지기 때문이었다.

이후 그는 발음 교정에 많은 노력을 기울였다. 그래도 아직까지 사투리를 억제하려 애쓰는 그의 모습을 볼 수 있다.

그 옛날 할리우드에서도 무성영화가 유성영화로 바뀌는 순간, 기라성 같은 배우들이 하루아침에 화려한 은막에서 사라져 버렸다. 보이스 훈련을 제대로 받고 대비한 배우들만이 그 명성을 이어갔다.

미국 등에서도 배우들이 노래하고 춤추는 뮤지컬 영화에선 배우가 노래를 못 부를 경우엔 하는 수 없이 전문 가수의 목소리로 더빙한다. 이 경우, 배우가 연기를 제 아무리 잘 했다 해도 수상 자격이 없는 것과 같은 맥락이다. '마이 페어 레이디'에서의 오드리 헵번, '웨스트사이드 스토리'에서의 나탈리 우드 등이 이에 해당한다.

얼마 전, 많은 언론인들이 참석한 어느 신문의 창간 기념 축하연에 간 적이 있다. 모든 참석자에게 40초 정도의 자기소개 시간이 주어졌다. 비록 짧은 발언들이었지만, 들으며 받은 인상은 제각각이었다. 좋은 인상을 준 사람, 금세 기억에서 사라진 사람, 심지어 불쾌한 느낌을 준 사람도 있었다. 바로 '목소리'에 의해 판가름이 난 것이었다.

목소리는 우리의 삶에서 아주 섬세한 역할을 담당하는 도구이자, 자신을 표현하는 아름다운 악기이다. 좋은 발성과 발음으로 대부분의 전달력이 결정되며, 설득력으로 이어진다.

준수한 목소리를 타고난 사람들은 감사한 마음을 가져야 할 것이다. 그렇지 못한 사람들은 반드시 개선해 자신의 삶이 술술 풀리도록 노력하자. 목소리 하나로 인생이 달라질 수 있기 때문이다.

2. 목소리도 나이처럼 늙는다

목소리도 늙는다. 당연한 이치다. 전화기를 통해서 듣는 목소리로 상대방 나이를 짐작할 수 있잖은가.

목소리가 노화하면 큰 소리, 높은 소리의 발성이 어려워진다. 톤이 낮아지면서 명료함을 잃게 된다.

외모지상주의에 물든 현대인들은 안티 에이징, 즉 노화를 극복하려고 적잖은 노력을 기울인다. 그런데 대부분은 '얼굴' 관리에만 집중하는 경향이 농후하다. 자신의 실제 나이보다 젊어 보이는 사람들을 가리켜 '노블족'이라고 부르기도 한다는데, 그래서 그런지 얼굴 시술이나 성형 등에 지극한 정성을 쏟는다.

그러나 일상에서 '음성이 정말 젊네요', 또는 '목소리가 늙었네요'라는 표현을 쓰는 사람들을 보기는 어렵다. 목소리를 젊게 유지한다는 것이 얼마나 중요한지, 채 실감치 못한 때문이다.

필자의 경험으로 비춰볼 때, 방송국에서 일하는 성우들이나 아나운서들은 나이가 들어도 한창 때의 생생한 목소리를 그대로 간직하고 있다. 심지어 노년의 나이에도 여전히 아이들 목소리를 더빙하는 성우들이 많다.

외화의 주연급 배우들의 목소리 녹음으로 유명했던 고은정, 배한성, 유강진 씨 등의 경우에는 오히려 실제 배우들보다도 더 실감나는 목소리 연기로 인기의 절정을 누리기도 했다. 나이로나, 경력으로나 원로급인 김동건, 황인용, 이계진 아나운서 등 역시 아직까지 방송 일선에서 활동할 만큼 좋은 목소리를 유지하고 있다. 명불허전이란 바로 이런 경우를 두고 하는 말이 아니겠나.

그들은 어떻게 젊은 목소리를 유지하는 것일까. 해답은 간단하다. 끊임없이 '목소리 훈련'을 하고 있기 때문이다.

목소리 훈련이란 바로 성대 훈련이다. 물론 자연적인 호르몬의 변화도 무시하진 못하겠지만, 평소 열심히 노력하면 노력한 만큼 노화 진행 속도를 지연시킬 수 있다.

성대는 두 개의 근육이자 점막으로 이뤄져 있다. 성대는 몸의 근육이나 점막과 닮아있기 때문에 단련시키지 않으면 탄력도 없어지고 가늘어진다. 두 개의 성대는 틈이 없어 닫혀 있지만, 노화가 오면 가늘어지면서 빈틈이 생긴다. 그렇게 되면 공기가 새는 듯 목소리가 갈라진다. 쉰 소리나 탁한 소리가 나오게 된다.

성대는 사용해야 건강을 유지할 수 있다. 평소에 말수가 적어 성대를 잘 쓰지 않는 사람들에게 노화현상이 두드러진다. 의학적으로 밝혀진 바이다. 실제로 성대 질환을 앓아 목소리를 사용치 못하는 시간이 길어지면, 노화가 심화된다. 이런 경우 이비인후과나 발성 교정 전문기관의 치료를 받아야 한다.

일각에선 목소리를 젊게 하기 위해 피부에 쓰는 콜라겐을 성대에 주입해 성대를 통통하게 한다. 히알루론산 주사(시간과 비용에 비해 효과는 한시적)를 맞는 목소리 성형도 점차 관심을 끌고 있다.

굳이 이러한 물리적 성형을 받아야 할까. 평소 성대 훈련만으로 얼마든지 젊은 목소리를 유지할 수 있다.

중국의 '측천무후' 생각이 불쑥 떠오른다. 소설에 의하면 그녀는 화장하는 데 서너 시간씩을 소비했다 한다. 요즘 한창 유행 중인 '실리프팅' 시술처럼 정수리 위에 소뿔을 얹고 머리카락을 한 올씩 감아 올렸단다. 그녀의 미적 감각과 함께 그런 기발한 아이디어를 짜내고 실천하였다니 놀라울 따름이다.

직업병이랄까, 소설을 읽으면서 측천무후의 얼굴에 그녀 목소리를 오버랩 시켰던 기억이 난다. 그리고 왜 그랬는지, 그녀의 목소리는 분명 여성스럽기보다는 걸걸한 편이었을 거라고 짐작했었다. 그러나 아쉽게도 그녀 음성에 대한 기록은 어디서도 못 봤다.

목소리 노화를 막을 수 있는 방법은 있는 것일까? 그렇다면 큰 경제적 부담 없이 할 수 있는 가장 좋은 방법은 무엇일까?

바로 성대를 많이 움직이는 대화이다. 이른바 수다 떨기는 성대를 젊게 유지하는 훌륭한 비결인 셈이다. '여자 셋이 모이면 접시도 깨진다'라는 말도 있지만, 과학적으로도 판명됐으니 치료를 위해선 침묵보다는 수다 떨기가 유용한 방법인 셈이다.

목소리가 늙으면 실제 나이보다 더 늙게 보인다. 흥미로운 건 남녀의 성대가 노후되는 현상이 조금 다르다는 점이다.

남성의 경우는 성대 내부의 결체 조직이 점점 줄어들어 변성 현상을 일으킨다. 성대근육이 약해지면서 성대가 가늘어지는 변화를 보인다. 우리가 주의에서 흔히 듣게 되는 할아버지들의 목소리는 이런 변화 때문이다. 또한 안면에 탄력이 줄고 주름이 생기면서 팔 다리 근육이 가늘어지고 배가 나오는 거미형 체형에 쉰 목소리를 내게 된다.

여성의 경우는 남성들만큼 변화가 크지는 않다. 그러나 나이가 들면서 성대가 두꺼워지는 변화를 보이며 목소리가 점점 굵어진다. 이 때문에 저음의 목소리를 많이 내게 된다.

일반적으로 남성보다 여성의 노화가 더 빨리 온다고 하니 평소 여자들의 수다 떨기나 긴 시간 전화통화도 꼭 부정적으로 볼 문제만은 아닌 듯하다. 특히 서로 얼굴이 안 보이는 전화 대화는 목소리가 전부인지라, 겉늙은 목소리는 본인에게 예기치 않은 손실을 끼칠 수도 있을 것이다.

그렇다면 어떻게 성대의 운동법을 찾을 것인가. 간단하게 숨을 크게 들이마신 상태에서 혀를 약간 구부리고 '아르르르' 소리를 내면서 바람을 세게 불어 낸다. 그 다음 '으'라는 소리를 섞어서 같은 방법으로 바람을 세게 불면 '르르르르'라는 소리가 나면서 혀가 떨린다.

전문 용어로는 '혀 떨기 연습(Tongue Trill)'이라고 한다. 이 방법으로 하루 2분 정도씩 매일 반복하면 좋은 효과를 볼 수 있다. 강한 진동을 주어서 성대 노화를 방지하는 좋은 방법이다. 더불어 규칙적인 운동, 균형 잡힌 식사와 병행한다면 금상첨화가 될 것이다.

성대가 노화되면 목소리뿐 아니라 신체에도 영향을 미친다. 몸에 힘이 들어가지 않게 된다거나, 음식을 삼키기 어려워지는 양상을 보이기도 한다.

젊은 목소리를 오래 유지하기 위해서는 예방도 중요하다. 탄산음

료, 고(高)당분 식품, 찬 음식, 지나치게 짜거나 매운 음식 등의 섭취를 피하고 목에 자극이 되는 행위를 절제하는 것이 좋을 것이다.

목소리가 늙으면 신체의 쇠약으로 비칠 수 있다. 철저한 '목소리 관리'가 올바른 '자기관리'의 한 측면이다. 얼굴 뿐 아니라 목소리도 젊게 만들 수 있다면 한 영화의 제목처럼 '이보다 더 좋을 순 없다'가 될 것이며, 한결 즐겁고 윤택한 삶을 영위할 수 있을 것이다.

3. '스피치'가 '스펙'을 이긴다

'스펙'이란 영어로 'Specification'인데, 우리가 편의상 줄여서 '스펙, 스펙' 하다 보니 사람들의 귀에 익게 됐고, 자연스레 많이 쓰게 된 말이다.

이 단어는 2004년 국립국어원에서 펴낸 신어(新語) 자료집에 등록돼 있다. 직장을 구하는 사람들의 서류상 기록 중 업적에 해당되는 것(학력, 학점, 토익 점수 등)을 이르는 말이다.

대부분의 기업들이 스펙을 바탕으로 입사지원자를 평가해 선발한다. 그러므로 취업준비자, 대학생들에게 큰 부담으로 작용할 수밖에 없다. 대학 생활 전부를 오로지 스펙 쌓기에만 열중한다고 해도 과언이 아니다.

현실이 이러하니, 저자의 강의 역시 실제로 '스펙'에 대해 일정 부분 할애하는 편이다. 그러나 우리의 학창시절과는 상황이 너무 달라져 당황스럽고 안타까울 때가 참 많다.

아르바이트는 물론, 여러 학원 수업 등 오히려 고등학교 시절보다 더 분주하게 생활한다. 캠퍼스에서의 낭만을 즐기고, 친구들과의 지란지교를 꿈꾸던 지난 세대와는 하늘과 땅의 차이랄까? 친구들을 한낱 경쟁상대로 인식하는 등 가치관의 큰 변화를 볼 땐 마음이 씁쓸해진다.

서서히, 시대의 흐름이 바뀌고 있다. 스펙의 문제점을 먼저 알아차린 쪽은 기업이다. '블라인드 면접', '무(無)스펙 채용'을 선호하는 추세이다. 따라서 호감 있는 목소리, 논리적인 말이 중요해지고 있다.

'말 한 마디가 천 냥 빚을 갚는다'고 했다. 말의 위력, 효력을 뜻하는 좋은 예화가 있다.

옛사람들은 부엌에 신(神)이 살고 있다고 굳게 믿었고, 그 신을 지칭해 '조왕'이라 불렀다.

어느 첩첩산중 외딴 산골에 한 총각이 살고 있었다. 매서운 한파가 몰아친 어느 날 한밤중, 소변 해결이 다급했으나 너무 춥고 무서워 뒷간(요즘의 화장실)까지 갈 엄두가 나지 않아 급한 김에 부엌으로 갔다.

용무를 보려는 순간, 총각은 하얀 입김과 함께 불쑥 혼잣말을 중

34

얼거렸다.

"어휴, 나도 이렇게 소름 돋고 추운데, 우리 조왕과 산신께선 얼마나 추우실까?"

마침 총각을 잡아먹으려고 산에서 내려온 호랑이 '산신'이 그 말을 듣고 감동의 눈물까지 흘리며 그냥 돌아갔다. 이후 호랑이는 총각과 결혼할 처녀도 물어다 주고, 소와 돼지와 닭 등 수시로 먹을거리를 가져다 줬다.

'말 한 마디가 천 냥 빚을 갚는다', '말로 동네잔치 다 한다' 등과 일맥상통하는 일화가 아니겠는가?

실제로 스펙을 검증하는 방법으론 이력서와 자기소개서, 그리고 면접이 대표적이다. 이력서와 자기소개서는 개개인이 입사를 희망하는 기업과 직군에 맞춘 적정한 진술서라고 할 수 있다.

또한 면접은 양쪽 모두 진솔하고 진정성 있게 행해야 하지만, 얼굴을 맞대고도 파악하기 힘든 짧은 시간 내에서 블라인드 면접 방식으로는 한계가 있을 수밖에 없다. 그러므로 목소리와 스피치로 당사자를 평가하는 큰 비중의 기준으로 삼을 수밖에 없다. 요즘 '보이스 이미지'와 '스피치 스킬'에 공을 들이는 사람들이 늘어나는 까닭이다.

자기소개서의 경우, 전문인에게 첨삭을 의뢰하면 장당 60~100만원까지의 큰 비용이 든다. 자기소개서든, 면접이든 누구를 막론하고 자기 자신의 이야기이다. 생면부지의 타인에게 의뢰한다는 것 자체가 어불성설이다.

시중에 제대로 공부될 만한 강의나 방법이 나와 있지 않은 게 큰 이유 중 하나다. 학교에서 학생들에게 '꿈의 훈련'이라 해서 1분 자기소개, 3분 자기소개 강의를 한다. 직접 쓰게 하고 녹음까지 하도록 하는 과제를 내주니 모두들 눈을 반짝이고 흥미로워하면서 대단히 적극적 태도를 보였다.

자기소개서에는 공식이 있다. 자기소개서란 바로 누군가에게 자신을 제대로 알리는 것이다. 우선 자신의 이름과 성격, 경력을 쓰되 강점을 부각시켜 가능한 상대가 주목하도록 해야 한다. 틀린 글자나 비속어가 있어선 절대 안 된다.

문단은 4개로 해서, 도입부부터 마무리까지 체계적으로 나눠야 한다.

분야	구체적인 공약 내용
1문단	**도입** -자기소개를 쓰는 이 순간의 느낌, 지원하는 곳에 대한 평판, 왜 그곳에 들어가고 싶은지 간략하게 쓴다. -지원 동기를 쓴다.

2문단	**학업 성과와 학습 경험** −학업 성과가 좋으면 왜 좋은지 밝히고 성적이 좋은 과목과 자신의 관심사, 적성을 대비해서 설명한다. −학업에 기울인 노력과 경험, 그리고 배우고 느낀 점을 설명한다.
3문단	**인성과 경험** −리더십, 협동, 성실, 근면 등 자신의 인성적 장점을 쓴다. −지역공동체에서의 봉사 활동, 학생회, 동아리 등 교내외 활동을 설명한다. −학교생활에서의 나눔, 배려, 협력, 갈등 관리, 사례 등을 쓴다.
4문단	**마무리** −자신의 진로 방향과 잠재력을 설명한다. −자신이 희망하는 20세부터 60세까지의 약력을 쓴다.

아무리 공식이 있다 해도 스스로에 대한 자존감이 낮다거나, 가식이 들어간 자기소개서는 아무런 도움이 안 된다. 주의할 점 하나는 도입부에 가족 이야기는 쓰지 않는 게 좋고, 그 대신 자신이 그곳에 지원하는 이유를 분명하게 피력하는 것이다.

구체적인 스토리에 집중하자. '지피지기면 백전백승'이라는 말이 있다. 상대를 알고 나를 알면서, 스피치에 능숙하고 스토리가 훌륭하다면 무서울 게 없으리라. 그 어떤 험난한 파도도 헤쳐나가리라.

4. 목소리를 바꾸면 인생도 바뀐다고?

저자 본인의 이야기를 하는 게 다소 쑥스럽기도 하지만, 이번 소제목의 이야길 원만하게 풀어가기 위해 참고삼아 소개한다.

어릴 때부터 내 목소리에 관한 남들의 얘길 많이 들으며 자랐다. 물론 목소리가 '맑고 곱다'는 칭찬일색이었다. 어린 나이에도 우쭐한 마음이 들곤 했다. '칭찬은 잠자던 고래도 춤추게 한다'던가?

부모에게서 물려받은 유전인자의 덕분이긴 하지만, 어쨌든 큰 행운인 건 사실이다. 당시 남동생을 찾는 친구들이 집으로 전화했을 때, 내가 받으면 목소리에 매료(?)돼 우리 집에 '생쥐 풀 방구리 드나들 듯' 했다. '예쁜' 소리만 뺀다면, 요즘 TV 드라마 속에서 유행하는

'밥 잘 사주는 예쁜 누나'의 옛날 버전쯤 되려나?

정말 타고난 목소리가 좋았던지, 초등학교(당시는 '국민학교') 시절엔 교내 방송국 아나운서부터 각종 동화 구연, 웅변대회 등을 휩쓸었다. 방송국(KBS 지역국)의 어린이 프로그램의 리포터, 비둘기 기자로 폼 잡던(?) 적도 있었다. 그때부터 '방송'에 대한 희망과 애착이 생겼고, 결국은 꿈을 이룰 수 있었다.

이전에 모 국영기업에 근무한 적이 있었다. 그러다 KBS의 '전국 일주 태극기 달리기대회'라는 행사 프로그램의 리포터로 발탁되면서 방송과 인연을 맺기 시작했다. 그리고 오늘에 이르기까지 거의 20년 가까운 세월을 이어오고 있다.

텔레비전에서 라디오 방송으로 매체를 옮기며 tbs 서울교통방송에서 프로그램을 진행할 때의 기억은 좀체 잊히지 않는다.

내 이름 석 자를 걸고 방송된 프로명은 '공미정의 라디오를 켜라'였다. 전국 유일의 '새벽 생방송'이었다. 매일 꼭두새벽 5시부터 2시간씩 생방송을 진행하던 때였으니, 어찌 이런저런 사연들이 없었겠나?

눈이 오나 비가 오나 늘 새벽 3시면 일어나야 했다. 단 1분이라도 늦으면 바로 방송사고가 되는 절박한 상황이 무려 5년 간(2007~2011) 지속되었다. 다행히 단 한 번도 '펑크'는 물론이요, 늦은 적도 없었다.

특히 새벽에 일어나 밤새 폭설이 쌓인 게 확인됐을 땐 앞이 캄캄한 적도 부지기수다. 내 차로 30분이면 갈 수 있는 곳을 택시로 2시간이나 걸려 도착해 무사히 방송을 할 수 있었던 기억도 생생하다.

교통사로로 입원했을 때, 환자복을 입은 채 달려가 방송을 한 적도 있을 만큼 나름대로 최선을 다한 시절이었다. '들것에 실려 가더라도 입만 살아있으면 방송해라'라는 방송인들의 철칙을 몸소 실천한 셈이었다.

당시 새벽 시간이긴 했어도, 나는 남달리 '하이 톤(솔톤)'으로 방송했다. 왜냐하면 청취자들로 하여금 잠을 자도록 유도하는 시간대가 아니요, 잠을 깨워 하루를 활기차게 열어 주기 위한 시간대였기 때문이다. 당시 골수 애청자들이 붙여준 별명이 '새벽의 이효리'였다. 오랜 시간이 지난 지금까지도 잊지 않고 안부를 물어오는 분들이 적지 않으니, 돌아보면 참 복 받은 진행자였다.

'라디오'는 청각에 민감한 매체이기에 '목소리'가 특히 중요하다. 당시 내 목소리에 대한 과분한 찬사들이 고마웠다. 그러나 감기 등으로 목소리가 잠겨 제대로 나오지 않을 때, 평소의 '꾀꼬리'가 돌연 걸걸한 '판소리'로 둔갑하면 듣는 분들에게 죄송스럽기 짝이 없었다.

이후, 지금은 작고하신 김광한 MC께서 담당했던 '낭만이 있는 곳에'라는 심야 프로그램을 함께 진행했다. 밤 10시부터 자정까지의 고된 행군이었다. 쿠엔틴 타란티노 감독의 '황혼에서 새벽까지'라는 영화 제목이 생각나는 그런 방송 생활이었다.

사회생활을 하다 보면 누구나 공식적인 자리에 설 기회가 잦아진다. 프레젠테이션, 손님맞이, 강의와 강연, 회의진행, 거래상담, 전화상담, 회사 설명회, 주주총회 등 대중 앞에서 말해야 한다.

다양한 기회 속에서 좋은 목소리가 빛을 발한다면, 많은 사람들에게 감동을 준다. 기대 이상의 큰 효과를 얻어낼 수 있다.

많은 사람들이 '좋은 목소리가 업무에 유리하게 작용했다'라고 고백한다. 실제로 직장에서 일도 잘 풀리고, 승진에도 유리하다는 걸 부인할 수 없다. 좋은 목소리'는 바로 '믿음의 목소리'로 인식된 때문이다. 결국 일의 성패, 그 열쇠는 목소리가 쥐고 있다.

비즈니스 현장에서 목소리의 중요성은 나날이 중요해지고 있다. 목소리 트레이닝을 받는, 혹은 받으려는 이들이 꽤 많이 목격된다.

저자에게 목소리 코칭을 받으러 오는 분들 중에선, 사회적으로 성공의 반열에 오른 경우가 많다. 그들의 대부분은 이미 좋은 목소리를 지니고 있다. 그럼에도 목소리의 중요성을 누구보다 절실히 인식했기에 체계적으로 발전 유지시키기 위한 조치이다.

사실 전에는 보이스 트레이닝에 관심을 보이는 사람들이 그다지 많지 않았다. 요즘엔 세월이 많은 걸 변화시키고 있다. '스피치 열풍'이다 보니 '보이스 트레이닝'에 관심 집중이다. 좋은 목소리의 중요성을 뒤늦게나마 간파한 까닭일 것이다.

누구나 자기가 좋아하는 얼굴과 목소리가 있을 것이다. 나에게 묻는다면, 단연 세기의 섹시 스타 '마릴린 몬로'다. 그녀의 고혹적 목소리는 참 매력적이다. 게다가 노래도 잘 불렀다.

영화 '돌아오지 않는 강'에서 기타 치며 부르는 'River of No Return'의 멜로디는 압권이다. 요즘도 심심찮게 라디오를 탄다. '버스 정류장', '신사는 금발을 좋아해', '나이아가라', '뜨거운 것이 좋아', '왕자와 무희' 등 그녀가 주연한 영화들은 특유의 목소리와 연기가 어우러져 관객들의 넋을 빼놓곤 하지 않았던가?

1920년대 후반, 영화가 무성(無聲)에서 유성(有聲)으로 바뀌면서 커다란 변화가 일어났다. 대표적으로 좋지 않은 목소리가 들통 나 스크린과 영원한 작별을 고했던 기라성 같은 배우들이 많았다. 목소리로 명성은 물론 미래까지 망쳐버린 경우였다.

결론적으로, '보이스 트레이닝'을 통해서 누구나 좋지 않은 목소리를 바꿀 수 있다. 목소리에 열등감을 갖고 있다고 지레 포기할 필요는 없다. 목소리는 타고난 면이 있지만 후천적 노력으로 다듬고 가꿔갈 수 있다. 적절한 방법을 찾으면 얼마든지 가능하다.

목소리가 바뀌면 자존감이 커진다. 여유로운 마음이 생긴다. 매사를 긍정적으로 바라볼 수 있게 된다.

　그렇다. 목소리를 바꾸면 인생이 바뀐다. 앞으로 이 책에서 펼쳐질 보이스 트레이닝 방법으로 인생이 변하는 걸 경험하기 바란다.

5. 성격은 못 바꿔도 목소리는 바꿀 수 있다

흔히 성격, 특히 타고난 천성은 바꿀 수 없다고 한다. 아무리 노력해도 어느 순간 우리 내면에 깃든 성격이 드러나게 마련이다. 그러므로 성격은 가다듬을 수는 있을지언정, 완전히 탈바꿈하기 어렵다.

목소리 역시 성격처럼 천성에 가깝다. 하지만 성격과는 달리 노력에 의해 바꿀 수 있다. 달라진 목소리가 내부의 성격까지 이어지기 어렵다. 그럼에도 타인의 판단에 분명한 영향을 미친다.

'다혈질이시네요', '단호하시군요', '침착하시네요', '우유부단하군요'……

이렇듯 목소리로 그 사람의 성격을 어느 정도까진 파악할 수 있다. 거기엔 '말투'라는 것도 포함된다. 만약 노력에 의해 목소리의 톤과 말투가 변한다면, 타인에 대한 판단에 상당한 영향일 미친다.

저자도 성격이 매우 급한 편에 속한다. 한때는 '종로 소방서'라는 별명으로 불린 적도 있었다.

그러면 지금은 어떻게 변했을까? 목소리의 톤과 말투를 바꾼 이후 오히려 침착하다는 평가를 받는다. 물론 천성까지 완벽하게 바뀐 것은 아니다. 적어도 목소리로 판단하는 첫인상은 확실히 변한 셈이다.

왜 그럴까? 오랜 세월 라디오 방송 진행을 하면서 목소리와 말투, 게다가 말눈치라는 것까지 생긴 때문이라고 스스로 분석한다.

사실 입 밖으로 내보내는 말의 내용보다 더 중요한 건 목소리다. 어떠한 내용이든 우선 목소리라는 그릇에 담기기 때문이다. 그러므로 '말'이란 개개인의 인격 자체이지만, '목소리'는 다른 차원의 문제다.

사람들 대부분은 목소리는 타고난 것이기에 바꿀 수 없다고 생각한다. 착각이요, 오해다. 옹알대는 것처럼 들리는 목소리, 너무 크거나 작은 목소리, 같은 말을 지속적으로 되풀이하는 목소리 등은 일종의 버릇이다. 선천적 목소리 때문이 아니다.

음악가들도 전문가에게 가르침을 받고, 운동선수들도 코치에게서 기량을 익힌다. 목소리도 마찬가지다. 올바른 트레이닝을 받으면 올바른 발성법을 가질 수 있다.

대학에서 강의하며 느낀 점이 있다. 변성기 때 관리를 잘못해 좋은 목소리를 잃어버린 학생들이 많다. 성대 결절이나 목감기 때 목을 제대로 보호하지 않고 방치한 결과다. 마치 찢어지는 듯한 목소리의 학생들을 보는 건 안타까운 노릇이다. 그런 학생들 중 의외로 자신감, 자존감이 손상돼 심리 상담까지 받아야 하는 경우도 있다.

성장기에 목소리를 망쳐버렸다고 포기할 것인가.

낙담은 금물이다. 열심히 갈고 닦으면 노력한 만큼의 좋은 목소리를 가질 수 있다. 이비인후과적인 문제는 병원에서 치료받을 수 있고, 치아의 결함 때문이라면 역시 치과병원 신세를 지면 된다. 신체적 특이한 문제만 없다면 '보이스 트레이닝'을 통해 대부분 교정할 수 있다.

스튜어디스를 지망하는 학생이 있었다. 아주 탁하고 걸쭉한 목소리면서 진한 사투리까지 썼다. 그대로 면접에 응한다면 그 결과가 어떠할지 분명했다. 매우 특이한 케이스인지라 꽤 시간이 걸리긴 했다. 세심한 지도로 목소리를 바꿀 수 있었고, 좋은 결과로 이어졌다. 물론 당사자 스스로 바꿔보겠다는 의지와 노력이 함께 했기에 가능했다.

듣는 사람들의 마음에 울림을 주는 말을 하고 싶은가? 먼저 울림이 있는 말을 경청할 필요가 있다. 인터넷이 발달한 요즘은 유튜브나 동영상 공유 사이트, SNS 등에서 연설이나 프레젠테이션 등을 유심히 들어보길 바란다. 울림을 주는 목소리와 반대의 경우를 분석해 보라. 그리고 자신의 목소리에 비교하라. 자신의 문제점을 먼저 스스로 체크할 필요가 있기 때문이다.

문제점을 인식하였다면, 다음 단계로 나가야 한다. 바로 목소리를 컨트롤하는 방법이다.

목소리 컨트롤 방법은 참 많다. 먼저 발성 교정법이다. 볼펜을 입에 물곤 '아, 야, 어, 여' 등을 연습하라. 요즘은 시중에 구강에 물고 연습하는 기구가 많이 나와 있다. 그러나 권하고 싶은 건, 흔하게 굴러다니는 와인 코르크 마개를 찾아 그걸 세로로 물고 발음 연습표를 보고 훈련하는 것이다.

우리는 종종 공공장소 등에서 유난히 목소리가 큰 사람들을 만나게 된다. 다혈질인 상대를 만나면 곧잘 싸움이 되기도 한다. 그럴 땐 주위의 사람들에게 불편함, 불쾌감을 주기 십상이다. 목소리가 너무 크거나 작은 이유는 무엇일까. 바로 성대의 강약을 조절하지 못 하기 때문이다.

말할 때는 목소리를 일정한 크기로 유지해야 한다. 상황에 따라 그 크기를 조절해야 한다. '말의 가락'이란 말의 운율적 요소를 일컫는 것이다. '어조'는 음성의 높낮이, 세기, 길이 뿐 아니라 음색에서 풍기는 느낌으로 말하는 이의 심리상태 등이다. 말의 전체적 분위기를 나타내 주는 것으로 아주 중요하다.

목소리의 상승조, 평탄조, 하강조의 변화가 적절히 유지되면 자연히 훌륭하고 매력적인 목소리를 지녔다고 인정받을 수 있다.

그런 의미에서의 좋은 목소리란 무엇인가. 미소를 담고 친절하며 건강하고 힘이 있는 목소리라 할 수 있겠다.

반면, 개선해야 할 목소리는 무기력하고 퉁명스러우며, 거칠고 쉰 듯한 단조로운 목소리, 어두운 목소리, 비음(콧소리) 등이라 할 것이다.

좋지 않은 발성법으로 장시간 목소릴 남용할 땐 성대 조직에 이상이 생긴다. 좋은 목소리를 갖기 위해선 노력해야 할 '음성 위생법'이란 게 있다.

1. 지나친 카페인 섭취를 삼간다.
2. 충분한 수분을 섭취해야 한다. 그러기 위해 하루 8~10잔 이상의 물을 마신다. 저자는 부드러운 목소리를 유지하기 위해 메밀차를 즐겨 마신다.
3. 큰 소리로 긴 시간 얘기하는 것, 고함·지르기, 과격한 운동 중의 발성은 의도적으로 자제한다.
4. 헛기침하는 습관은 성대를 건조하게 하는 요인이 되니 주의해야 한다.
5. 지나친 음주와 흡연, 특히 두 가지를 동시에 하는 건 절대 금물이다.

특히 강조하고 싶은 것은, 물이다. 목소리 건강에 밀접한 영향을 준다. 물은 성대 부분에 윤활제 역할을 한다. 발성 때 성대의 접촉을 완화시켜 준다.

이외에 성대 근육을 튼튼하게 하는 음식이 있다. 바로 밭에서 나는 쇠고기라는 '콩'이 그것이다. 콩은 식물성 단백질로 좋은 목소리 만들기에 적잖이 도움이 된다.

목소리는 바꿀 수 있다. 바뀐 목소리가 성격마저 달리 보이게 만든다. 그렇다. 악기처럼 잘 다루고 가꾼다면 누구나 좋은 목소리의 주인공으로 다시 태어날 수 있다.

6. 일의 성패를 좌우하는 목소리

요즘 항간에 '꿀성대'라는 말이 유행이다. 마치 꿀이 뚝뚝 떨어지기라도 하는 것 같은 목소리라는 뜻이리라. 목소리가 줄 수 있는 매력을 절묘하게 묘사한 단어라는 생각이 든다.

목소리는 '제2의 얼굴'이다. 목소리만으로 상대에게 주는 호감도를 높일 수 있고, 떨어뜨릴 수도 있다. 실제로 한 TV 프로그램에서 남자의 목소리에 따른 호감도를 실험한 적이 있었다. 훤칠한 외모와는 달리 목소리가 열악한 경우, 대부분의 사람들이 실망스러워했다.

좋은 목소리, 호감을 주는 목소리, 소위 '꿀성대'라는 건 과연 어떤 목소리를 이르는 걸까? '꿀성대'는 '맑고 울림이 있는' 목소리를 일컫는다. 연예인 중엔 예로 들자면, 이병헌, 이선균이 해당된다. 탁음이 섞이지 않은 맑은 목소리의 소유자인 그들은 같은 말을 할지라도 그 울림이 다르다.

사람을 움직이게 하는 힘은 감성이다. 이성으로 이해된 사실보다 감성으로 공감한 점에 더 많은 영향을 받기 때문이다. TV 광고를 주목해 보라. 제품 설명이나 우수성을 강조하던 예전의 방법에서 벗어나 소비자의 감성에 호소하고 있다.

목소리는 감성에 직접적인 영향을 준다. 말의 내용보다 목소리에 호소력에 먼저 마음이 흔들리게 된다. 가늘고 날카로운 목소리의 소유자라면 내용을 떠나 의심부터 하게 된다.

폐에서 올라오는 공기가 후두의 성대를 거치면서 주파수가 생기며 목소리가 만들어진다. 이 소리들이 입으로 올라와서 '말'이 된다. 이때 코의 비강에서 소리가 증폭되며, 상대방이 잘 들을 수 있도록 소리가 커진다. 비강에서 소리가 증폭될 때, 두개골에서 한 번 더 울림이 생긴다.

이 과정이 적절히 진행될 때, 비로소 울림이 있는 목소리가 나온다. 그러므로 먼저 비강을 효과적으로 사용할 줄 알아야 한다. '음'과 '흥'이라는 말로 연습하면 비강을 골고루 쓸 수 있다.

이런 훈련으로 목소리의 울림을 높일 수 있다. 그러나 지나치면 역효과를 빚기에 조심해야 한다. 특히 여성들이 콧소리 같은 애교스런 목소릴 내는 경우가 있다. 잠시 귀엽게 느껴질 순 있어도 믿음을 주는 목소리는 결코 아니다.

풍부한 울림을 방해하는 예로 아이들처럼 목소리를 내는 사람을 들 수 있다. 말을 끌기 때문이다. 이런 경우는 음절을 확실하게 끊어서 말하는 트레이닝으로 교정이 가능하다.

울림이 있는 목소리를 위해선 염두에 둬야 할 것이 있다. 평소 목소리의 건강관리 규칙이다.

①성대의 점막은 촉촉하게 유지한다.
②과음이나 흡연을 삼간다.
③복식호흡을 한다.
④소리 내어 많이 웃는다.
⑤헛기침을 자제한다.
⑥건조하거나 먼지가 많은 환경을 피한다.

반면, 목소리를 손상케 하는 요인들도 주위엔 널렸다. 카페인이 함유된 커피나 차 종류는 성대 점막을 건조하게 만들기 때문에 안 좋다. 헛기침 역시 성대를 자극해 울림을 방해한다.

사실 청각은 시각보다 원초적인 것으로, 대인관계에서 아주 넓고 깊게 영향을 끼친다고 하는 게 정설이다. 면접 때 목소리에 세심하게 신경을 쓰면 훨씬 좋은 결과를 기대할 수 있다. 호감 가는 목소리, 멋진 목소리에 큰 관심을 기울여야 할 이유다.

면접이나 회의 때 목소리가 큰 영향을 끼친다는 설문조사 결과가 발표된 적도 있다. 이 결과에 따르면, 기업체의 인사담당자들의 97%가 면접 때 목소리에 큰 영향을 받는다고 밝혔다.

메라리언 교수의 연구에선, 말 내용의 비중은 7%, 목소리의 비중은 38%로 무려 5배 이상을 목소리가 차지했다. 또 하버드대학 실험에서는 청중의 80%가 음성만으로 연설자의 성격을 예상했다는 결과도 나왔다.

머튼 교수의 실험에선 참여한 사람들 중 62%가 목소리만으로도 발표자들의 키의 순서를 맞췄다고 한다. 이것은 후두의 길이에 따라 목소리가 달라진다는 걸 본능적으로 알아차렸다는 의미이다.

메이유 교수는, 중저음의 준수한 목소리를 가진 사람들이 몸담은 기업에서 더 많은 보수를 받는다는 연구 결과도 내놨다.

스미스 교수의 연구에 따르면, 여성들은 목소리 좋은 남성 발표자의 음성과 내용을 7%나 더 많이 기억했다. 더불어 동일인을 두고 실험을 했다. 중저음으로 변환해서 말했을 때, 청중들이 훨씬 기억을 잘했다는 재밌는 결과도 있었다.

상대와 상황에 따라 목소리 톤은 반드시 조절돼야 한다. 강의하는 사람이 적절한 제스처도 없이 계속 중저음으로만 말한다면 청중의 입장에선 지루하고 졸리기도 할 것이다. 면접 때 높낮음 없이 부드럽게만 말한다면 자신감 없고 유약해 보일 것이다.

일반적으로 남성의 목소리는 중저음이 힘이 있어 보인다. 소리를 내면에서부터 끌어올린다는 태도로 발성을 연습하면, 어렵지 않게 중저음을 낼 수 있다. 반면 여성의 목소리는 상냥하고 맑은 목소리가 훨씬 유리하다.

목소리의 선호도 실험 결과, 다음이 사람들에게 높은 평가를 받았다.

①활발하고 적극적인 목소리
②자상하고 상냥하고 따뜻한 목소리
③약간의 고음이면서 경쾌한 목소리

목소리는 일의 성패를 좌우하는 열쇠다. 첫인상의 38%가 목소리로 결정되기 때문이다. 따라서 자신의 목소리에 맞는 개성과 색깔을 살리기 위해 성대를 단련해야 한다. 자신만의 최적 음높이를 찾는 게 최우선 과제이다.

7. 개선된 목소리는 업무 성과도 개선한다

저자는 '목소리', '스피치'에 대해 불만이 있는 사람들의 고민을 해결해 주기 위한 '스피치 연구소'를 개설하고 있다. 대학교에서 '보이스 이미지와 스피치 스킬'이라는 교양과목을 가르치고 있다. 프리랜서 아나운서로서 오랫동안 활동 중이다. 또한 기업체 연수나 세미나 등 행사에서 목소리 트레이닝을 지도하고 있다.

이러한 경로를 통해 여러 부류의 사람들과 만나게 된다. 기업체 사장에서 취업을 앞둔 학생까지, 그들 중 대부분이 자신의 목소리에 대해 불만을 갖고 있다. 그로 인한 스트레스에서 시달리며, 스피치를 잘하고 싶은 열망과 함께 상당한 노력을 기울이고 있다.

다음의 사례들은 저자에게 보이스 트레이닝 및 스피치 수업을 받은 사람들의 생생한 후일담이다.

┃ CS 강사(33세 여성)

CS 강사로 매일 긴 시간 말을 계속하다 보니 목소리에 이상이 생겼습니다. 전문 의사에게 '발성'에 문제가 있다는 진단을 받았습니다. 그간 복식호흡을 전혀 하지 않은 채 생 목소리로만 장시간 강의를 해왔기에 성대에 적잖은 무리와 결절이 생겼다는 걸 알게 됐지요.

보이스 트레이닝의 중요성을 깨달았습니다. 적절한 발성법과 목에 부담을 주지 않는 방법을 익혀 지금은 행복한 시간을 보낼 수 있게 됐습니다. 직업인 CS 강사로서도 확실한 자신감을 가지고 연단에 서고 있는 건 물론입니다.

┃ 변호사(50세 남성)

여러 고객들과 장시간 상담해야 하는 직업임에도 대화나 변론에 늘 자신감이 없었습니다. 목소리에서는 늘 쇳소리가 났지요. 타고난 천식이 있었기 때문입니다. 그러던 어느 날, 평소 상담하던 고객들이 내 음성을 들으며 어딘지 불쾌하고 불편한 듯한 표정을 짓는다는 걸 눈치채게 됐습니다.

그래서 숙고 끝에 대표님께 개인 지도를 의뢰했습니다. 많은 연예인들도 코칭을 받는다는 얘길 듣고 나름대로 용기를 냈습니다.

코칭 이후 '음성 위생법'을 실천하니 먼저 천식 증상도 좋아졌습니다. 장시간 이야기해도 목에 부담이 오지 않습니다. 이젠 언제 어디서나 이야기의 주도권을 잡을 만큼 자신만만합니다. 예전과 달리 말하는 게 즐겁습니다.

▌ 매니저(35세 남성)

직업 상 항상 '프레젠테이션'을 해야 합니다. 그러나 대중 앞에서 뭔가를 발표해야 한다는 게 저로선 극심한 공포 그 자체였습니다. 브리핑을 앞둔 전날엔 불면증에 시달릴 정도로 스트레스를 받곤 했지요.

스피치에 관한 전문 서적을 읽기도 하는 등 이런저런 노력을 많이 했습니다. 그러나 독학의 한계랄까, 체계적인 수업이 필요하다는 점을 깨닫게 됐습니다. 대표님께 코칭을 받았습니다.

우선 극심했던 무대 공포증이 씻은 듯 사라졌지요. 만성비염도 있었는데, 치료를 병행하며 실천한 복식호흡과 트레이닝으로 해결했습니다. 목소리의 개선이 제 삶을 통째로 바꿔놨습니다.

▌ 전화상담원(26세 여성)

텔레마케팅을 하는 저는 심한 감정 우울증에 시달려 왔습니다. 고객들에게 항상 친절하게 응대한다고 나름 각오했지만, '너무 새침하고 불친절하다'는 싸늘한 반응들이 많았습니다.

이 직업이 과연 내 적성에 맞는 건지, 늘 고민하던 중이었지요. 마침 회사를 방문한 대표님의 강의를 듣게 됐습니다.

항상 말끝을 올리고, 어미가 딱딱한 게 바로 저의 단점이었음을 파악했습니다. 이때부터 매뉴얼대로 말했고, 어미를 부드럽게 만드는 트레이닝을 꾸준히 했습니다.

고객들로부터는 친절하다는 반응이 받기 시작했습니다. 당연히 일의 성과도 눈에 띄게 향상되었고요.

▌ 정치인(45세 남성)

정치인으로서 리더십과 연설 수완이 출중해야 되는 건 당연지사입니다. 하지만 그동안 발음이 애매모호하고 시선 처리가 어정쩡하다는 평가를 자주 들었습니다. 또한 방송에 출연해 상대방과 날선 공방을 벌일 때도 '설득 스피치'가 마음대로 되지 않아 끝나면 늘 입맛이 썼습니다.

어떻게 하면 사람들의 관심을 끌 수 있는 흡인력 있는 목소리와 영향력 있는 스피치를 할 수 있을까? 그걸 고심하던 끝에 전문가인 대표님의 레슨을 받게 됐던 것입니다. 효과 만점! 지금은 자신감이 넘치고, 연설의 달인이라는 과분한 평가까지 받고 있습니다.

▌ 컨설턴트 전문가(40세 여성)

항상 말투가 급해 무슨 말을 하는지 잘 모르겠다는 얘길 듣곤 했습니다. 중요한 계약을 체결하여야 할 때도 진행이 순조롭지 못한 경우도 많았지요.

차분하게 말하는 방법을 익히기 위해 코칭을 받고나서 적극적으로 의견 제시도 할 수 있게 됐고, 그로 인해 팀 리더까지 맡게 되는 행운도 찾아왔습니다.

▌ 뮤지컬 배우(28세 남성)

무대에서 춤을 잘 춘다는 칭찬은 늘 따르곤 했지만, 노래가 문제였습니다.

복식호흡이 전혀 안 돼 목소리가 찢어지고 '나 홀로 튀는' 가성 때문에 고민이 만만찮았지요. 정식으로 복식호흡을 배웠고, 꾸준히 트레이닝을 했습니다. 덕분에 무대 공포증에서 벗어날 수 있었습니다.

노래하면서 그동안 지적 받았던 결점들이 말끔히 사라지고 나니 인기도 제법 오르더라고요. '인기'라는 게 바로 연예인들의 생명 아니겠습니까?

❙ 영업직(33세 남성)

보험회사에 근무하고 있습니다. 상사는 저에게 "자네 목소리에선 신뢰감이 안 느껴져."라며 무안을 주곤 했습니다. 워낙 목소리가 날카롭고 고음이다 보니 늘 듣는 핀잔이었지요.

선생님의 지도를 받으며 트레이닝한 결과, 저음이면서 매우 믿음직스럽게 느껴지는 목소리로 바뀌었습니다. 말의 속도를 조절하는 방법까지도 터득하면서 맡은 일의 성과도 눈에 띄게 향상됐습니다. 주위의 신뢰와 함께 봉급까지 뛴 건 예상 밖의 기분 좋은 일이었습니다.

위의 사례에서처럼 목소리를 바꾸는 자체로 인생의 커다란 변혁을 맞이할 수 있다. 변화된 목소리, 그 효과는 놀라울 정도이다.

타인에게 호소력 있는 목소리란 무엇인가. 내가 먼저 듣기 편해야 한다. 그러기 위해선 목에 통증이 느껴지지 않는 편안한 발성의 목소리, 매끄러운 발음이 필요하다. 내가 듣기 좋은 목소리여야 상대방에게 정확하게 전달된다. 거기에 매력적이며 감미로운 감정까지 수반된다면 금상첨화가 아니겠나.

습관이란 쉽게 고쳐지지 않는다고 한다. 하지만 목소리는 다르다. 개선하려는 굳은 의지와 노력 여하에 따라 얼마든지 바꿀 수 있다.

다음 장에서 소개할 '30초 목소리 트레이닝'에는 현실적이며 실천적 훈련방법이 소개돼 있다. 이를 익히고 실천하는 것만으로도 목소리는 드라마틱하게 바꿀 수 있다.

8. 꿈꾸던 목소리를 익혀 비즈니스에 성공하라

'첫 단추를 잘 꿰어야 한다'라는 말이 있다. 스피치에도 적용되는 진리다. 스피치의 시작은 '호감 사기'에 있다.

도입부에서 듣는 사람들에게 흥미를 주고, 믿음을 갖게 하며, 관심을 유발시키는 게 중요하다. 자신의 경험담과 생생한 일화들을 잘 활용하면, 다소 딱딱한 내용이라 해도 청중들이 바짝 주목하게 할 수 있다.

청중의 공감을 끌어내기 위해선 먼저 주제를 명확하게 제시해야 한다. 즉, 테마와 연관성이 깊어야 한다. 이후 이야기를 어떻게 구성하느냐에 따라 전하는 메시지도 바뀐다. 따라서 효과적인 배치가 매우 중요하다.

▌예 1

"선호 씨는 매사에 열정적이고 적극적인 사람이다. 그러나 윗사람들의 눈에 선호 씨는 무능하고 게으르며 의욕이 없다."

"윗사람들이 보는 선호 씨는 무능하고 게으르고 의욕이 없는 사람이다. 그러나 선호 씨는 매사에 열정적이고 적극적인 사람이다."

이 둘의 뉘앙스는 많이 다르다. 전하려는 메시지가 있으면 반드시 증거가 제시돼야 한다. 그리고 메시지는 구체적으로 알기 쉽게 전달해야 한다.

▌예 2

"50미터 높이, 그건 일반 건물의 7~8층 높이에 해당합니다."라는 표현처럼 전하려는 내용은 간결, 명확해야 한다.

또 '3'이라는 숫자가 주는 의미는 중요하다. '3대 원칙', '3단 논법' 등 우리는 늘 '3'을 강조한다. '3분'이란 우리의 집중력이 최대한 발휘되는 시간이요, 소통의 최소 단위이자 역(逆)으로 최대 단위가 되는 것이다.

우리 두뇌의 기억력은 구조상 다섯 가지가 넘으면 헷갈리기 마련이다. 그러므로 제시한 본론을 요약해 줄 때는 세 가지로 정리해 주는 게 좋다.

①본론을 말할 때는 주제와 거리가 먼 이야기는 삼가도록 한다.

②'~했다고 합니다', '~같은 경우는', '~같습니다' 등의 표현은 자제하는 게 좋다.

③주로 대화체로 생동감 있는 표현을 구사하는 게 바람직하다.

스피치의 마무리는 짧고, 강하고, 여운이 남도록 하는 게 좋다. 사자성어, 명언, 격언, 속담 등을 적재적소에 인용하는 것도 괜찮은 방법이다.

스피치는 무엇보다 음성언어에 의존하는 것이기 때문에 언어예절 전반에도 세심한 신경을 써야 한다. 정확한 발음의 구사, 자신감 있는 태도와 목소리는 필수다. 또한 주제와 상황에 딱 맞는 화법의 구사는 당사자의 품격을 돋보이게 한다.

그렇다면 훌륭한 스피치의 조건 무엇일까?

①간결하고 명확해야 한다. 평소 조리 없이 장황하게 늘어놓기만 하는 언어 습관을 가진 사람은 간결한 표현 방법을 익히도록 트레이닝을 해야 한다.

②자연스러워야 한다. 형식적인 내용, 그리고 포장된 듯한 어휘나 말투

는 상대에게 불편함을 줄 수 있다는 것을 인식해야 한다.

③생동감 있는 말이어야 한다. 아무리 좋은 문구나 어휘라 해도 진솔한 진정성이 생명이다.

④표현과 내용이 명쾌하고 분명해야 한다. 알기 쉬운 단어의 선택, 예문을 활용한 발성과 발음, 체계적인 내용의 구상과 구성 등 꾸준한 연습을 통해 착실하게 실력을 쌓아야 한다.

언어의 조건은 다음과 같다.

①분명하고 알아듣기 쉬워야 한다.

②품격과 품위가 있어야 한다.

③물 흐르듯 자연스러워야 한다.

④표준어로 이뤄져야 한다.

복식호흡으로 단련된 발성의 목소리는 상대에게 안정감, 신뢰감을 줄 뿐만 아니라 정확한 전달력까지 형성한다. 누구나 발성이 잘되는 사람들의 음성에서 호감과 신뢰감을 느낀 적이 적잖을 것이다.

'목소리도 음악처럼'이란 말이 있다. 높낮이도 불분명하고, 천편일률적인 포즈는 이야기를 지루하게 할 뿐, 맛도 없고 멋도 없다.

스피치에서는 악센트나 속도, 포즈, 어조에 의해 문장에 담겨 있는 정보의 의미가 강화될 수도, 또 약화될 수도 있다. 음성 요소의 적합한 컨트롤은 훌륭한 스피치를 위한 필수조건이다.

문장 전체에 강약을 주는 적절한 방법을 구사하면, 청중에게는 '중요한 정보와 대단한 의미를 가진 문장'이라는 인식과 함께 깊은 관심을 갖게 한다. 이때 음성의 세기와 높이는 '더 강하고 높게', 하지만 발음과 속도는 '아주 명확하게 그리고 다소 천천히' 한다.

가끔은 주위 문장보다 높이와 세기를 '낮고 약하게' 하는 경우도 있다. 속도를 임의로 변화시키는 경우, 의미가 더 강조되기도 하고, 약해지기도 한다.

일반적으로 의미를 강조하기 위해선 말의 속도를 느리게 한다. 의미를 약하게 하기 위해선 빠른 속도로 말한다.

단, 말을 지나치게 빠른 속도로 하게 되면 듣는 상대에게 긴장감, 불편함을 주게 된다. 또 너무 느리게 하면 열정과 성의가 없다는 인상을 주게 되니 적절한 조절이 필수다.

대체적으로, 특정한 내용을 강조하는 경우나 자신의 의사를 명확하게 표현하는 경우에는 목소리가 커진다. 반면, 특별히 강조할 게 없을 때는 목소리가 작아진다.

말을 크게 할 것인가, 작게 할 건 것인가? 또 어느 정도로 크거나 작게 할 것인가는 개인과 상황에 따라 다 다르다.

잘 나가는 비즈니스인은 목소리에 신경을 쓴다. 상대의 호감도를 높이는 비결이 목소리에 담겨 있기 때문이다. 그렇다고 꿈에 그리는 목소리는 결코 저절로 얻어지는 게 아니다. 배우고 실천하고 노력해야 한다. 비록 실천적 트레이닝은 힘들다 해도, 꾸준히 시간을 투자하면 반드시 놀라운 성과를 얻게 될 것이다.

9. 지금은 목소리 전성시대

스피치는 특정 목적을 달성하기 위해 하는 언어적 행위이다. 그렇다면 올바른 '스피치'란 무엇인가. 청중과 공감대를 형성하기 위해 자신의 의견을 조리 있게 말하는 것을 의미한다. 따라서 객관적, 논리적인 요소가 중요하다.

스피치를 위해선 기본적으로 원고가 필요하다. 간단한 메모 형식으로 작성하기보다는 처음부터 끝까지 완전히 작성하는 것이 바람직하다. 듣는 사람들이 이해하기 쉬운 어휘를 사용하고, 되도록 예의와 격식을 갖춰 작성해야 한다.

그러나 제아무리 설득력 있는 내용일지라도 제대로 전달되지 않는다면 뭔 소용이겠는가? 전달의 도구, 즉 목소리가 품격을 갖춰야 한다. 그래야 듣는 이가 신뢰를 갖는다.

그렇다면 신뢰성 있는 목소리는 과연 어떤 걸까? 사람들은 때때로 '진동'에 의한 '착각'을 하게 된다. 예를 들어 대형 콘서트 장에서 듣는 음악이 그렇고, 흔들리는 다리가 그러하다. 즉 진동을 풍부하게 만들어내는 목소리는 상대에게 '신뢰'라는 착각을 심어주면서 좋은 분위기를 만든다.

면접, 상담, 발표 등에선 신뢰가 무기다. 그걸 바탕으로 해야 한다. 바탕은 저절로 이뤄지지 않는다. 트레이닝을 통해 품격을 갖춘, 신뢰감을 주는 목소리를 얻을 수 있다.

스피치를 위해 극복할 과제 중 하나가 '무대 공포증'이다. 평소에는 말문이 막히는 법 없이 술술 이야기하던 사람도 무대, 즉 대중 앞에서 스피치를 하려면 주눅부터 들고 만다. 공들여 준비한 내용을 까맣게 잊어버린 채 횡설수설만 하게 된다. 이런 상황이 반복되면 트라우마가 생겨 무대 자체를 기피하게 된다.

그렇다면 '무대 공포증'을 어떻게 극복할 것인가. 무대에 자주 서 본다? 마인드 컨트롤을 긴장을 해소한다? 일시적 해결책에 불과하다. 정답은 근본적인 문제에서 찾아야 한다. 근본적인 원인은 모른 채 그저 오며가며 툭툭 던져지는 이야기들을 듣고 바꿀 수 없다.

결론부터 말한다면, 훈련을 통해 목소리부터 교정해야 한다. 목소리에 열등감을 갖고 있다면, 어떠한 대책도 효과를 기대할 수 없다. 본인 스스로 목소리에 자신감을 가져야 한다. 일단 목소리에 대한 자신감이 붙으면 무대를 장악할 수 있는 무기를 지닌 셈이다.

그렇다. '무대공포증'에서 벗어나고 싶다면, 먼저 목소리부터 교정받아라. 그러기 위해선 발성법이 매우 중요하다. 발성을 통해 발음 부분이 교정되는 것이다. 대부분의 훌륭한 강연자는 천천히 말을 굴리듯이 한다. 좋은 발성을 지녔기에 가능하다.

좋은 발성에는 공명, 즉 진동이 풍부하다. '공명'으로 인해 상대방은 감동을 받을 것이고, 본인 역시 스스로의 에너지를 느끼며 말을 할 수 있게 될 것이다.

성대를 진동시키기 위해선 호흡이 필요하고, 발성할 때는 성대를 온전하게 둬야 풍부한 진동이 발생한다.

횡격막을 이용한 호흡 조절이 잘 안 되면 성대를 감고 있는 후두를 사용하게 된다. 이때 성문을 닫아버리는 결과를 초래한다. 혀는 계속 안으로 말리게 되며, 입을 크게 벌리지 못하게 된다.

소리를 만드는 방법은 간단하다. 그러나 제대로 된 발성법은 어렵다. 전문 트레이너로부터 올바른 훈련을 받아야 한다. 이를 소홀히 할 때, 엉뚱한 근육을 사용하게 되며 성대 손상을 비롯해 심각한 문제가 발생할 수 있다.

다음은 올바른 발성을 위한 방법이다.

①소리를 던져라.

②말할 때 배에 힘을 줘라.

③미소를 지으며 말하라.

④비강을 사용해라.

⑤되도록 많은 목소리를 내라.

⑥소리를 크게 내라.

이 방법을 꾸준히 연습하면 발성이 달라지고, 발음이 정확해진다. 또박또박 정확한 발음을 갖췄다면, 무대 위에서 마치 친한 벗을 대하듯 스피치 할 수 있게 된다.

무대에서 청중에게 어필할 수 있는 방법으로 제스처의 활용이다. 제스처는 몸으로 하는 일종의 언어요, 감정의 표현이다. 그러나 제스처는 청중의 집중도를 높이는 행위에 머물지 않는다. 발성에도 좋은 영향을 미친다. 제스처를 통해 발성을 위한 호흡근을 원활하게 작동시킬 수 있다.

호흡의 움직임은 늘어남에 있기 때문에 '수축'의 직선이 아닌 '늘어남(stretch)'의 곡선의 느낌을 포함한다.

결국 그 곡선을 보존하기 위해 호흡이 움직일 때 기마자세를 취하는 것이다. 그러면 소리가 더 풍부해지기에 팔을 뻗거나 흉곽을 열어주는 동작을 하게 된다. 호흡근의 움직임을 본능적으로 알거나, 훈련된 사람들만이 자연스럽게 할 수 있는 동작이기도 하다.

호흡근의 연결도 없이 그런 동작을 연습하면 매우 어색한 상황이 된다. 어색한 대화를 계속 이어간다면 상대는 당연히 불편함을 느낄 것이고, 설득이 어렵게 되는 건 불 보듯 훤한 것이다.

제스처와 시선 처리, 발표 교육 등으로 스피치와 목소리 교정을 하려는 경향이 있다. 첫 단추부터 잘못 낀 꼴이다. 기본 발성부터 바꾸는 게 첫걸음이다.

목소리는 우리에게 참 많은 걸 얘기해 준다. 말은 목소리를 사용해 이뤄지는 것이다. 그러기에 목소리의 원리를 정확하게 알아야 한다. 원리를 무시하고 배제한 코치로는 결코 좋은 결과를 기대할 수 없다. 오히려 백해무익할 수도 있다.

거듭 강조하건대 발성에서부터 시작하라. 발성법을 익혔을 때 비로소 신뢰감 물씬 풍기는 자신의 목소리를 찾을 수 있다. 전달력 뛰어난 나만의 목소리로 무대공포증 극복은 물론, 매사에 의욕적인 태도를 갖게 될 것이다.

chapter 2.

30초 목소리 트레이닝

1. 연예인들도 선호하는 '목소리 트레이닝'

TV나 라디오 방송에 출연하는 연예인 중에는 목소리가 맑고 또 박또박한 경우가 제법 많다. 성우들 뺨칠 정도로 준수한 발음과 목소리를 지니고 있다. 듣는 사람들의 귀에 쏙쏙 들어오는 건 당연한 일이다.

대중들은 좋은 목소리를 지닌 연예인들에겐 더욱 호감을 보이며, 나아가 신뢰감마저 느끼게 된다. 그렇다. 빼어난 용모가 아니지만 좋은 목소리로 인기를 얻고 있는 셈이다.

언제부턴가 중요한 다큐멘터리의 내레이션이나, 더빙이 필요한 프로그램에서 유명 탤런트나 가수들의 목소리를 빌리는 경우가 부쩍 늘었다. 그들의 자연스럽고 풍부한 감성이 시청자들의 감정과 정서와도 잘 맞아떨어지기 때문일 것이다.

'차마고도'라는 고품질 다큐멘터리를 보면서 절실하게 느낀 게 있었다. 다큐멘터리에서 보여준 현지의 영상도 감탄스러웠지만, 원로 탤런트 최불암 선생의 목소리는 그 자체로 압권이었다. 그 풍부한 울림은 영상의 감동을 극대화시켰다.

아, 목소리의 중요함이여!

사람들은 각종 광고에서 익숙하고 친숙한 목소리를 많이 접하게 된다. 목소리 좋은 연예인들이 광고주들에게도, 소비자들에게도 인기가 높다. 공익광고에서도, 상품광고에서도 마찬가지다.

예전엔 무조건 인기 높은 연예인들이 광고 효과도 높이는 것으로 평가됐다. 그러나 요즘엔 비주얼 못잖게 목소리 좋은 연예인들을 선호하는 추세이다. 또한 연예인들의 목소리를 통한 기부문화도 늘어나고 있다.

저자는 한때 시각장애인 팟캐스트 제작에 참여한 적이 있었다. 그당시 여러 유명한 모델, 탤런트가 오디오북 제작에 동참했다. 그러나 그들의 데뷔 즈음의 영상을 보면, 말이 어눌하고 매끄럽지 못해 의사 전달이 불분명했던 걸 확인할 수 있다.

저자도 라디오 프로그램을 진행하면서 연예인 게스트들을 숱하게 만나왔다. 목소리 좋은 이들과 방송할 때면 진행이 훨씬 수월한 느낌을 받곤 했다. 반대의 경우엔 진행이 매끄럽지 못하고, 청취자들까지 듣기 불편하다며 불만스러워했다. 아무리 유명세를 타고 있다고 해도 숨 가쁜 목소리, 너무 빠른 말투, 지나친 허스키 등 좋지 않은 목소리의 인사들을 초대하는 걸 재고할 수밖에 없었다.

한때 인기 드라마에서 혀 짧은 목소리를 내던 남녀 배우가 있었다. 코미디언들의 패러디 소재까지 될 정도로 화제가 됐던 걸 기억하리라. 그러던 그들이 지금은 중후하고 안정감 넘치는 목소리의 주인공이 되어 있다. 참 놀라운 일이 아닐 수 없다.

그 변화는 어떻게 이뤄졌을까. 보이스 트레이닝을 받았고, 그 덕을 톡톡히 봤던 셈이다. 이른 바 '목소리 성형'이었다.

외형의 성형만이 아니요, 목소리를 아름답게 가꾸는 성형 역시 자신의 이미지를 긍정적, 진취적 방향으로 바꾼다. 바야흐로 좋은 목소리가 큰 매력점으로 각광을 받는 시대이기 때문이다.

카메라 앞에서 자신을 드러내는 방송인, 연예인은 외모뿐만 아니라 목소리로 자신의 가치를 드러내기 위해 노력한다. 목소리에 세심하게 신경 쓰고, 좋은 목소리를 갖기 위해 애를 쓴다.

현대인들에게 '목소리의 힘'이 얼마나 큰 영향을 미치는지를 미루어 짐작할 수 있다. 이러한 흐름에 발맞춰 '보이스 컨설팅'이라는 직업도 생겼다. 컨설팅을 받아서라도 좋은 목소리로 적절히 자신을 표현하고자 하는 열망에 눈을 뜬 것이다.

잘못 발성한 목소리로 말을 계속하면 자신의 의지와는 관계없이 성대 근육이 수축된다. 목소리가 심하게 떨리거나, 경련으로 인한 발성장애가 올 수도 있다. 방치하면 성대에 결절, 종기, 종양 등이 생겨 수술을 하기도 한다. 더 심한 경우엔 암으로 발전하는 심각한 상황이 올 수도 있다니 유의해야 한다.

전문가의 도움과 꾸준한 연습만이 바람직한 목소리를 위한 필수 조건이다. 천성적으로 좋은 목소리를 지녔다 해도 예외가 아니다. 작고 어두운 뉘앙스로는 자신의 진가를 제대로 평가받기 어렵다. 일단은 자신감 있고, 밝고 당당하게 느껴지도록 큰 소리로 말할 필요가 있다.

우리는 흔히 좋은 발성을 '공명(共鳴)'이라 부른다. 발성기관을 통해 나오는 목소리가 서로 맞뚫린 공명기관의 도움으로 소리가 커지면서 만들어지는 것이다.

공명의 울림소리를 만들기 위해선 입안의 아치가 넓어지는 게 중요하다. 아치는 입을 아주 크게 벌릴 때 목젖과 목구멍이 만드는 모양을 말한다. 목젖을 위로 들어 아치의 모양을 크게 만들 때 좋은 목소리가 나온다.

우선 거울 앞에서 '아' 소리를 내본다. 이때 혀가 아래로 내려가면서 목의 아치가 보인다. 입을 양쪽으로 더 크게 벌린 다음 '아~' 해보자. 그러면 더 넓고 높은 아치를 볼 수 있다. 이 두 가지만 꾸준히 연습해도 공명 효과에 큰 도움을 받게 된다.

톰 후퍼가 감독하고 콜린 퍼스가 주연한 영국 영화 '킹스 스피치'를 기억하는가? 심한 말더듬이 증상을 갖고 있던 영국 왕 조지 6세의 실제 이야기를 비탕으로 2010년에 만들어 아카데미 작품상까지 수상한 명작이다.

조지 6세를 처음 치료했을 때 언어치료사 라이오넬 로그(제프리 러쉬 분)는 그에게 큰 소리로 음악이 나오는 헤드폰을 씌어준다. 책을 읽게 한 뒤 녹음을 했다. 그런데 자신의 목소리가 들리지 않자 그는 제법 유창하게 책을 읽었다.

선생과 함께 각고의 노력으로 결국 어느 정도 치유된다. 그는 왕위에 오른 후 전 국민을 상대로 한 첫 연설을 성공리에 마친다.

영화 속에선 조지 6세가 말더듬이 치유로, 밖에선 배우 콜린 퍼스가 아카데미 주연상을 받는 것으로 안팎의 쾌거를 이룬다. 영화 '킹스 스피치'가 전하는 메시지는 목소리가 엄청난 설득력과 함께 수많은 사람들의 마음을 움직인다는 것이었다.

왕의 마지막 외침이 가슴 뭉클하다. 어찌 달변일 수 있었겠나? 그러나 그는 '진심'을 잃지 않았다.

"연설로 상처 받은 마음을 연설로 극복했다. I have a voice!"

2. 쩌렁쩌렁한 목소리의 비밀, 정답은 복식호흡

요즘 '복식호흡'이라는 말이 자주 들린다. 그만큼 관심을 가진 사람들이 많다는 방증이다. 또한 복식호흡을 위한 단체들도 눈에 띄게 증가하고 있다.

좋은 목소리를 갖기 위해선 세 가지 요소가 필요하다.

'호흡', '발성', '발음'

그중에서도 가장 기본이 되는 게 바로 '복식호흡'이다. 우리는 대부분 가슴으로 숨을 쉬는 이른바 흉식호흡을 한다. 그래서 목이 빠르게 쉰다. 힘이 빠진 가느다란 목소리가 난다.

복식호흡은 흉식호흡과는 달리 복부를 이용한다. 폐 깊숙이 숨을 채워 힘 있고 쩌렁쩌렁한 목소리를 낼 수 있게 하는 호흡 방식이다. 복식호흡을 하면 횡격막은 아래로 내려가고 폐가 크게 확장된다. 그로 인해 폐에 맑은 공기가 들어갈 수 있다. 다른 말로는 '횡격막호흡'이라고도 한다.

복식호흡은 탄탄한 기본이 밑받침되어야 힘 있는 발성을 할 수 있다. 복식호흡의 기본 방식은 숨을 들이마실 때 코를 사용한다. 숨을 들이마셨다가 3초 내지 5초 정도 숨을 참는다. 그 후 숨을 입으로 조금씩 끊어서 내쉰다. 이때 배를 집어넣으면서 숨을 내쉰다. 내쉴 때 중요한 점은 들이마실 때의 2배가량 길게 내뱉는다는 것이다.

학교에서 가르치다 보면, 좋은 성대를 갖고 태어나 애초부터 복식호흡이 자연스레 잘 되는 학생들도 있다. 하지만 거의 60% 이상은 흉식호흡을 한다.

복식호흡을 가르치기 위해서 각종 발표나 목소리 녹음, 자세 교정까지 지도한다. 가장 좋은 방법은 학습자의 꾸준한 연습이다. 그렇다고 따로 시간을 정하기보다 일상에서 시행하길 바란다. 숨을 깊은 들이마셨다 내뱉는 방법이 습관화되면 어느 순간부터 저절로 복식호흡을 하게 된다.

평소 저자가 방송 현업에서 활용하는 비책을 수업 시간에 학생들에게 알려준 적이 있었다. 반응이 썩 좋았다. 독자들도 그대로 실행해 보길 바란다.

먼저 벽에 기대어 선다. 몸을 살짝 떨어뜨리고 한쪽 발을 들어 발바닥을 벽에 붙인다. 이런 자세로 있으면 자연스럽게 배에 힘이 들어간다. 이때 본인들이 좋아하는 책이나 신문, 아니면 잡지를 소리 내어 읽는다.

처음엔 아침이나 저녁 시간에 5분 정도씩만 할애한다. 꾸준하게 한 달만 실행한다면 따로 의식하지 않고도 복식호흡이 저절로 이뤄지는 걸 느낄 수 있을 것이다.

우리는 흔히 배에 힘이 들어가는 걸 복식호흡이라고 단순하게 생각한다. 사실은 복근과 횡격막을 함께 움직여 호흡하는 걸 말한다.

복식호흡은 목소리로 승부하는 아나운서, 가수, 그리고 운동선수 등에겐 필수적이다. 그러나 복식호흡은 폐활량을 높이기 때문에 일반인도 반드시 생활화할 만한 덕목이다.

복식호흡을 꾸준히 하다 보면 자연히 배 근육이 발달한다. 내장 지방 연소가 활발하게 되고, 체지방률이 감소하는 효과도 얻게 되니 그야말로 일석이조인 셈이다. 또한 복식호흡은 뇌로 산소를 많이 보내는 호흡 방식이다. 전신 혈액순환은 물론, 피로 해소와 정신 건강에도 큰 도움이 된다.

처음엔 다소 어렵게 느껴질 수도 있겠다. 조금씩 늘려가는 게 습관이 되면 금세 익숙해질 것이다.

"사람들이 자주 제 얘기를 못 알아듣겠다고 해요."

"제 목소리가 너무 작아서 전달이 잘 안 된다고들 하네요."

이러한 고충을 얘기하는 사람들은 대부분 흉식호흡으로 발성하는 이들이다. 그렇다면 흉식호흡의 문제점은 과연 무엇일까?

발성할 때, 폐에서 나온 공기가 성대를 울리면서 '소리의 기본'을 만든다. 흉식호흡은 흉부 주위의 좁은 범위 내에서 공기가 통하기 때문에 폐 안에 많은 공기를 주입할 수 없다. 그렇게 되면 내뿜는 호흡의 양이 적어져 소리에 힘이 떨어지고, 성대를 울리는 진동이 약해져 알아듣기 어려운 웅얼거림이 된다.

반대로 복식호흡은 횡격막이 아래로 깊숙이 내려간다. 이 때문에 뱃속 깊은 곳까지 많은 양의 공기를 보낼 수 있다. 호흡이 크면 내쉴 때 성대를 확실하게 울릴 수 있어 다른 사람들에게도 또렷하게 들리는 멋진 목소리를 갖게 된다.

복식호흡을 할 수 있는 또 하나의 방법을 소개한다.

목에 힘을 뺀다. 축 늘어진 느낌에서 '하~ 아~' 하고 큰 한숨을 쉰다. 복식호흡이 자연스레 되게 하는 아주 쉬운 방법이다.

아나운서들은 숨을 쉬지 않고 두 장 정도 분량의 원고를 너끈히 읽어낸다. 바로 복식호흡을 열심히 연습한 결과이다.

방송국의 마이크는 지극히 예민하다. 아주 작은 숨소리에도 민감하게 반응하기에 방송하는 사람들은 늘 신경을 곤두세우곤 한다. 원숭이도 나무에서 떨어진다던가, 베테랑 아나운서들이라도 가끔은 숨을 참지 못 하는 경우가 있다. 그럴 땐 목에 좋다는 차나 주스 등으로 성대를 달랜다. 가끔 생방 직전에 커피 한 잔의 유혹에 넘어간 게 화근이 돼 방송 내내 침 삼키는 소리 때문에 곤욕을 치르는 등 에피소드도 많다.

어느 가수는 오전 공연 때 목소리가 제대로 나오지 않으면 점액질이 많은 다시마를 먹고 무대에 오른다. 직업 정신에 투철한 사람들이 각자에게 맞는 노하우를 개발하는 노력이 참으로 놀랍다.

긴장되는 순간, 또는 중요한 프레젠테이션 등을 앞두고 복식호흡을 해보는 것도 바람직하다 할 것이다.

제아무리 훌륭한 이야기를 한다 해도 숨 가쁜 소리 등, 목소리가 따라주지 않아 의사전달이 원활하게 이뤄지지 않는다면 무슨 소용이겠나. 톤이 일정치 않고, 불안정한 목소리로 얘기할 때 상대방이 알아듣기 어렵다.

복식호흡에 해결책이 있다. '난 역시 아무리 노력해도 안 돼'라는 포기는 '한 술에 배부르기'를 바라는 것과 무엇이 다른가? 처음부터 큰 욕심내지 말고, 꾸준히 노력하는 것만이 바른 길이요, 지름길이다.

당신도 영혼의 울림이 있는 아름다운 목소리의 주인공이 될 수 있다.

3. 억양을 자유자재로

(30초 동안 저음 '시' 톤, 안정적 '미' 톤, 경쾌한 '솔' 톤)

학교에서 강의할 때, 또 방송을 진행할 때 가장 중요시하는 게 있다. 바로 소통과 공감 능력이다.

소통과 공감. 모든 관계의 필수요소다. 얼핏 소통은 쉬운 것 같아도 실은 일방통행처럼 답답한 경우가 허다하다. 어떻게 하면 내 의사를 잘 전달하고 상처받지 않을까?

"소통이 잘 안 될 땐 '쇼통'이라도 하라."

수업할 때 학생들에게 종종 하는 말이다. 쇼통을 실현하기 위해선 말의 억양, 그리고 감정을 잘 활용해야 한다.

말도 연기의 한 부분이다. 연기에 진정성을 실으면 최고의 소통 방법이 될 수 있다. 평소 무덤덤하게 말하는 사람보다 말의 추임새가 크고, 제스처와 표현력이 준수한 사람에겐 듣는 사람들의 몰입도 역시 높아진다.

예를 들어 상대에게 이렇게 말한다.

"어머, 오늘따라 어쩜 이리도 멋지세요."

"어이쿠, 저에 대해 그런 사소한 것까지 기억하시다니 참 대단하십니다."

"아, 옷맵시는 언제 봐도 세련미가 넘쳐요."

감탄사를 십분 활용한 예이다. 이때 맑고 고운 목소리 '솔' 톤으로 이야기하라. 상대방이 기뻐할 것이요, 당연히 분위기도 좋아질 것이다.

반면, 저음인 '시' 톤으로 감정이 느껴지지 않는 투로 말한다면 어떠할까. 공감을 얻지 못한, 어색하고 서먹한 상황이 연출될 것이다.

저자의 경우, '솔' 톤의 밝은 목소리와 다소 큰 제스처가 몸에 배어 있는 편이다. 오랜 세월 방송과 강의를 해온 탓이다. 스피치에는 '억양'이 대단히 중요한 역할을 한다는 점을 실천한 결과이다.

그렇다고 언제나 '솔' 톤일 수 없다. 시의적절한 억양을 선택할 수 있어야 한다.

TV 뉴스에서 사건, 사고, 재난에 관한 기사를 아나운서나 앵커가 '솔' 톤으로 전달한다면 되겠는가? 중음의 '미' 톤이라야 어울리고 진정성이 느껴질 것이다.

당연히 예능 프로그램 등 밝은 분위기의 상황에선 '솔' 톤이다. 즐겁고 경쾌하게 얘기하는 게 맞는다.

▌예 1

"현재 서울의 날씨는 매우 맑고 화창합니다. 나들이하기 좋은 황금주말, 가족들과 함께 즐거운 시간 보내시기 바랍니다."

이때 기상 캐스터의 억양은 어떠해야 할까? 당연히 밝은 표정, 그리고 '솔' 톤의 경쾌한 음성으로 전달해야 할 것이다.

▌예 2

"현재 태풍 ○○이 무서운 속도로 우리나라를 향해 오고 있습니다. 세력이 강하기 때문에 전국에 호우경보가 발령 중입니다. 가급적 외출을 삼가시고, 침수피해 없도록 철저히 대비하기기 바랍니다."

이 경우에는 사뭇 달라진다. 표정은 묵직하게, 억양은 '미' 톤으로 진중하고 담담해야 할 것이다.

시의에 맞지 않는 표현의 실수는 늘 상대의 오해를 살 수 있다. 그러니 말의 센스를 갖도록 항상 명심하도록 노력해야 한다. '말'의 속성은 자칫 큰 낭패로 이어지기도 하므로 평소 억양 연습을 게을리해선 안 된다.

실제로 자신의 말이 편안하고 안정돼 있는지 확인해 보자.

①복식호흡에 신경 쓰며 숨을 크게 들이마시자.
②'시~' 하며 호흡을 최대한 뱉으며 계속 소리를 내본다.

30초 동안 지속해 보자. 처음부터 쉽진 않다. 연습을 통해 길게 유지할 수 있다. 그래서 수업 중 실습 때는 학생들에게 권하곤 한다. 무리하게 끌고 가지 말고 끊었다가 늘려가는 방법을 택하라고.

대부분 사람들은 15초 정도의 소리를 낸다. 이후 목소리가 점점 작아져 어미가 흐려지기도 한다. 30초 동안 호흡을 내지 못 하는 사람은 코로 숨을 크게 들이마시고 다시 시도해보는 것도 좋다.

이때 복식이 아닌 흉식으로 호흡할 경우, 몸이나 어깨에 힘이 들어가지 않게 주의해야만 한다. 항상 복식호흡을 생활화하겠다고 생각하는 게 중요하다.

최소 3번 이상 실시하면서 꾸준히 연습하라. 일정한 세기로 호흡을 내뱉는 감각이 생긴다. 그런 다음 이 감각을 유지하면서 스피치를 하자. 그전보다 잘 들리는 목소리가 되어 있을 것이다. 평소 이야기할 때 말이 점점 빨라지는 사람, 말의 어미가 흐려져 이야기 맥이 자주 끊어지는 사람들에게 적잖이 도움이 될 것이다.

다음으로 연습해 볼 것은 듣기 좋은 목소리 '도미솔' 톤이다.

흔히 우리가 제일 듣기 좋은 목소리를 음계에 대입한다면 '솔' 톤이라고 한다. 고객센터 등에서 상담하는 직원들이 '솔' 톤으로 "안녕하세요? 고객님, 무엇을 도와드릴까요?", "고객님, 내일은 저희가 쉬는 날이니 내일만 피해서 편하신 날 꼭 오세요."라고 밝게 말하는 경우를 대할 땐 기분이 좋아진다.

반대로 축 처진 저음 '시' 톤의 음성이 들렸다면 어땠을까?

좋은 스피치는 듣는 사람들이 그 정답을 정확히 안다. '귀'는 매우 이기적(?)인 기관이다. 귀를 쫑긋 열고 소리를 잘 들어보면 상대방이 바라는 걸 제대로 파악할 수 있다.

좋은 목소리의 세 가지 요소는 호흡, 발성, 발음이다.

발성과 발음이 좋은 편이 아닌 사람이 억양까지 들쭉날쭉하고 사투리가 심하다면 상대방은 어떤 느낌을 받을까? 전문성이 부족하고, 업무에 애착이 없고 매사에 무성의한 사람으로 인식될 것이다. 이러한 편견이 당사자로선 억울하기 짝이 없다. 그러나 소통의 열쇠인 목소리가 잘못돼 있는 것이니 상대를 탓할 수도 없는 노릇이다.

정확한 발성을 위해 무엇이 필요할까. 모음을 길게 표현하도록 하자. 말의 키워드도 정확하게 전달되고, 귀에도 쏙쏙 들어오게 될 것이다.

목소리의 높낮이를 상황에 맞춰 적절하게 사용할 줄 아는가?

사람들 앞에서 이야기를 능숙하게 하는 사람, 설득 스피치를 잘하는 사람들의 대부분은 이러한 능력을 갖추고 있다. 노래를 잘 부르는 사람들 역시 마찬가지다. 그들은 목소리의 높낮이를 조절하는 능력이 있다. 그러나 대부분의 사람들은 충분한 연습이 따르지 않고는 그 조절이 결코 쉽지 않다.

선천적으로 좋은 목소릴 타고났다면 큰 행운이다. 그렇지 못할 땐 목소리만으로도 손해를 보게 된다. 타인의 귀에 몹시 거슬리는 목소리, 음침한 느낌을 주는 목소리 등이 그것이다. 그러나 억양만 바꿔도 믿음직스런 목소리로 변한다. 단지 그 방법을 모를 뿐이고, 알아도 실행치 않은 탓이다.

목소리의 높낮이를 조절하기 위해 다음과 같이 훈련해 보자.

①낮은 음을 낼 때는 '가슴'에 손을 얹고 '도' 하고 발성한다.
②중간 음을 낼 때는 '관자놀이'에 손을 얹고 '미' 하고 발성한다.

③높은 음을 낼 때는 '머리'에 손을 얹고 '솔' 하고 발성한다.

손을 얹는 위치에서 목소리의 진동이 느껴질 것이다.

비즈니스 현장에서 '솔' 톤은 높기 때문에 가볍거나 유치한 인상을 줄 수 있다. 그러니 항상 목소리의 높낮이를 측정해 장소와 상황에 맞게 적절한 톤을 사용하는 능력을 갖춰야 한다. 내가 낼 수 있는 가장 자연스런 톤이 사람들에게는 가장 듣기 좋은 목소리가 되는 것이다.

리더가 되고 싶은 사람들이여, 억양에 생명을 불어넣자!

4. 성대의 고음, 저음 스트레칭 -'사이렌 소리'

아침 잠자리에서 일어나는 순간, 새털처럼 가벼운 느낌을 받는 사람들이 과연 얼마나 될까?

바로 눈 뜨기가 힘들다. 일어나려면 몸이 찌뿌드드한 건 누구나 늘 겪는 일이다. 특히 새벽부터 목소리를 써야 하는 직업의 사람들(아나운서, MC, 앵커 등)에게는 곤혹스럽기까지 하다. 아침부터 방송에 출연해 노래를 불러야 하는 경우가 생길 때, 해당 가수들도 마찬가지다.

그 이유는 뭘까? 목소리가 깨어나지 않아서 주어진 역할을 제대로 못 할까 봐 걱정스럽기 때문이다.

저자도 5년 동안 하루도 빠짐없이 새벽방송을 한 적이 있었다. 매일 걱정스러웠던 건 바로 '목소리'였다. 목소리가 제대로 나오지 않는다면 큰일이기 때문이었다.

이때부터 실천한 것이 새벽에 일어나는 순간의 '스트레칭'이었다. 몸은 깨어났어도 목소리는 활기를 못 찾곤 했다. 그래서 생각해낸 것이, 성대에 스트레칭을 활용하는 방법, 바로 곧 '성대 스트레칭'이었다.

목소리는 횡격막, 성대, 코, 입, 혀 등의 기관을 거쳐 만들어진다. 성대는 점막이고 근육이다. 성대는 두 개의 근육을 통해 코로 호흡을 들이마실 때 열리고, 입으로 호흡을 내뱉을 때 닫힌다. 성대를 제대로 스트레칭하지 않으면 상대방이 알아듣기 힘든 목소리가 나온다.

'성대 스트레칭'이란 어떠한 방식인가.

잠에서 깼을 때 바로 성대의 근육을 풀어주는 간단한 스트레칭 방법, 일명 '사이렌 소리'다. 사이렌에는 여러 가지 종류가 있다. 가장 흔히 접하는 앰뷸런스 사이렌 소리를 연상해 보자. '에~' 하는 소리를 내는 사이렌을 떠올리면 쉽다. 낮은 음 '엥~'에서 출발해 높은 음 '에~', 그리고 다시 낮은 음 '에~'로 마친다.

①앰뷸런스 사이렌 소리처럼 '에'를 '아'로 바꾸고

②'아~'(낮은 음에서 높은 음으로 7초)

③'아~'(높은 음에서 다시 낮은 음으로 7초)

④2와 3을 합해 15초 동안 소리를 낸다. 7초 지점에서 되돌아온다.

이 연습을 다섯 번 반복한다. 높은 음에서 음이 불안정하지 않도록 주의하자.

실제로 앰뷸런스 사이렌은 끊이지 않고 울리지만, 사람의 성대는 기계와 달라서 숨 가쁘거나 힘들면 중간에 한 번 숨을 쉬어도 괜찮다.

목소리의 중요성은 아무리 강조해도 지나침이 없다. 그러나 평소에는 관리의 필요를 제대로 느끼지 못한다. 막상 문제가 생기면 매우 신경이 곤두서게 되는 예민한 부분이다.

새벽에 방송할 때 목소리 컨디션이 안 좋은 날에는 '오늘은 꾀꼬리가 아닌 닭의 소리였습니다'라고 너스레를 떨기도 했다. 또 '오늘은 마치 전주 대사습놀이에 참가한 기분입니다'라며 우스갯소리로 난처한 상황을 모면하기도 했었다.

그렇다면 목소리라는 건 얼마나 정직한 걸까? 방송 전날 목을 혹사했거나, 친구들과 수다를 많이 떨었다던가, 어쩌다 노래방이라도 갔다면 다음 날은 어김없이 방송을 잡쳤다. 철저해야 할 자기관리에 소홀한 결과이다.

기계도 관리에 태만하고 오래 사용하면 고장 나듯 목소리 역시 마찬가지다. 그러므로 우리는 목소리가 보내오는 '시그널'을 잘 알아차려야 한다.

① 말을 조금만 해도 목소리가 잠기고 갈라진다.
② 목에 이물감이 느껴지고, 자주 헛기침이 나온다.
③ 노래 부를 때 고음 처리가 잘 안 된다.
④ 물을 자주 마셔도 목이 건조하고 아프다.

위와 같은 목소리 이상증세가 지속된다면, 반드시 성대와 몸 상태를 체크해야 한다.

가장 흔한 증상은 성대폴립과 성대 결절이다. 성대폴립은 고음을 자주 쓰는 경우에, 성대 결절은 목소릴 너무 많이 쓰는 경우에 생기는 증상이다.

이외에도 성대를 혹사시킬 때 발생하는 질병으로는 성대부종, 성대낭종, 성대백반증, 성대마비 등이 있다.

사람들은 평소에 건강관리에는 대단히 꼼꼼하다. 그러나 목소리 관리는 소홀히 하는 게 사실이다. 누구나 가장 많이 사용하는 게 성대다. 그러니 늘 세심하게 체크하는 것이 당연하고 바람직하다.

예전에 '낭만이 있는 곳에'라는 제목의 라디오 심야 프로그램을 진행하던 때의 일이다. 심한 독감에 걸린 상태로 방송을 진행해야만 했었다. 지금도 그때를 생각만 해도 진땀이 난다.

모든 방송 진행자들에게 가장 곤혹스러운 게 바로 감기다. 예방을 위해 목에 스카프를 두르고 잠자리에 들기도 하고, 항생제를 미리 복용하는 등 신경을 쓴다. 그러나 세심하게 노력해도 빈틈을 타고 드는 감기는 어쩔 도리가 없다.

청취자들에게 양해를 구하면서 하루 이틀은 난처함을 모면한다. 시간이 길어지면 자기관리도 제대로 못 하는 진행자라는 질책이 따라온다. 서운한 기분이 들 때도 있었지만, 스스로가 프로정신에 더욱 투철하도록 노력하는 계기도 됐다.

요즘은 넓은 강당, 많은 학생들 앞에서 수업을 진행한다. 복식호흡, 그리고 평소에 열심히 훈련하는 목소리 스트레칭 덕분에 마이크 없이 네 시간을 거뜬히 버틸 수 있다. 노력을 게을리 하지 않는 트레이닝이 정답이다.

목소리는 저음과 중음 부분에서 500~600헤르츠까지 균일하게 낼 때 부드럽게 나온다. 좋은 목소리는 마음의 울림이다. 사람의 첫인상을 결정짓는 요인 중 목소리가 차지하는 비중이 40%에 가깝다는 게 정설이기도 하다.

목소리를 변화시킬 수 있는 목 스트레칭 방법으로는 다음과 같은 것도 있다.

①입을 다물고 하품하듯 호흡하고 숨을 들이마신다. 이때 목이 열린다.
②목이 열리면 손으로 목을 부드럽게 누르면서 마사지한다.
③원을 그리듯 목을 크게 돌리면서 목 주변을 풀어준다.
④숨을 들이마실 때는 코로 하고, 입으로 숨을 내뱉는다. 천천히 동작을 반복한다.

또 건강한 목소리를 만들기 위해서 풍선을 불어보는 것도 좋다.
풍선을 불면서 숨을 내쉰다. 풍선을 불면 후두, 횡격막, 폐에 좋은 운동효과를 준다. 폐활량도 커지고 목소리도 좋아진다.
가끔 학생들이 '눈, 코, 입을 성형하는 것처럼 목소리 성형도 가능한가요?'라는 질문을 한다. 사실 말솜씨는 다소 부족하더라도 목소리가 좋으면 상대방에게 큰 호감을 줄 수 있다. 매력적인 목소리가 사람을 끈다. 외모뿐만 아니라 목소리 가꾸기에도 정성을 기울여야 하는 이유이다.

앞에서 '엠뷸런스 사이렌 트레이닝'을 통해 성대가 스트레칭 된다는 것, 그리고 낮은 음과 높은 음을 확실하게 내는 방법에 대해 이야기했다.

　여러 번 연습해 익숙해지면 한 옥타브 정도 올리고 내린 음으로 앰뷸런스 발성법을 지속적으로 훈련해 보자. 훨씬 광범위한 음역대를 경험할 수 있을 것이다.

　복식호흡과 목소리 트레이닝을 통해 보다 매혹적이고 당당한 목소리를 만들자. 피부 관리하듯 성대를 관리하면 누구나 맑은 목소리의 주인공이 될 것이다. 무엇보다 긴요한 것은 태도와 습관이다.

5. 머라이언 발성법

'머라이언'이란 말을 들어본 적이 있는가?

아마도 생소하게 느끼는 사람들이 많을 것이다. 상반신은 '라이온', 하반신은 '인어'의 모습을 한 전설적 동물 이름이다. '싱가포르'의 국가 상징 문양이기도 하다.

그렇다면 '머라이언 발성법'이란 과연 무엇일까?

발성이란 사전적 의미로 '목소리를 꺼냄', 또는 '목소리' 자체를 의미한다. 발성은 인간이 태어날 때 내는 첫 번째 울음소리처럼 하는 게 가장 보편적이고, 자연스런 것이라고 한다. 여기에는 성대 조절법뿐만 아니라, 호흡법, 조음법도 포함된다.

민족에 따라 언어, 종교, 기후, 풍토 등이 발성 기관의 특징으로 나타나게 된다. 또한 사회, 문화적 환경이나 자연환경 등도 영향을 미친다. 그 차이와 영향으로 민족마다 고유의 발성법을 갖게 된다. 고유한 발성법에 의해 모국어를 말하게 되고, 노래도 부르는 것이다.

발성을 잘 하려면 자연스레 숨을 조절하여 내뱉어야 한다. 자연 상태의 위치에서 성대를 진동시켜 소리를 내야 한다. 상반신은 편안하게 하고, 흉강, 인두강, 구강, 비강에 충분하게 소리를 공명시킨다. 혀와 입술 등 조음기관도 충분히 활용해 좋은 목소리와 명확한 발음이 나오도록 한다.

이 발성법은 생리적으로도 합리적이며, 독특하고 자유스런 표현능력을 십분 발휘할 수 있다.

'몸은 악기와 같다'라고 앞에서 언급했다. 이 뜻은 소리를 내는 형식을 알면 이해하기 쉽다. 예를 들어, 바이올린은 현을 튕겨 진동된 소리가 울림구멍 속에서 공명하여 아름다운 소리를 낸다. 목소리도 이처럼 횡격막을 들어 올린 공기가 성대를 진동시키고, 그 소리가 비강과 구강이라는 울림구멍을 통해 울리면서 생성되는 것이다.

인체에는 인두, 구강, 비강 등 공명기관이 많다. 두개골 자체도 공명하는 공간이다. 목소리는 바로 이 공간을 어떻게 활용하느냐에 따라 달라진다. 아름다운 목소리는 공간을 충분히 활용해 공명을 이

끌어낼 때 가능하다.

머라이언 발성법은, 아름답게 울리는 목소리 만들기 트레이닝이다. 아름답게 울리는 목소리란 명확한 목소리, 멀리까지 잘 전달되는 목소리를 일컫는다. 몸속에서 일어나는 발성을 머라이언 동작을 통해 재현하면서 발성해 보자.

머라이언은 상반신은 사자이고, 하반신은 물고기의 모양이다. 입으로 힘차게 물을 내뿜는데, 이를 이용한 호흡법이다.

머라이언 동작을 살펴보자.

①먼저 똑바로 서서 왼손을 배 위에 둔다.
②오른손을 머리에 올린 다음, 공기가 배에서 나와 여러 기관을 거치도록 한다. 그 다음 입을 통해 곧바로 나가도록 한다. 머라이언이 입으로 물을 뿜어내는 모양을 상기하자.
③'마~' 하는 동작을 일정하게 5초에 걸쳐 밝은 목소리로 낸다.

이를 7회 반복한다. 목 안에서 목소리가 울리는 느낌이 들 것이다.

왜 하필 '마'여야 하나를 묻는 사람들이 종종 있다. '마'는 코를 울려서 내는 비음이기 때문이다.

'아~' 하고 소리를 내보자. 코가 울리지 않을 것이다.

테스트 삼아 코를 잡고, '마'와 '아' 소리를 내보자. '마'는 코의 울림이 있고, '아'는 코의 울림이 없다. 그래서 '마'가 몸속을 울리는 감각을 익히기 위한 최상의 외마디 소리라 할 수 있는 것이다.

몇 번의 연습을 통해 머리에 울림을 전하면서 목소리를 내는 감각을 익히기 바란다. 코를 울리면 매력적이고 부드러운 울림을 갖게 된다.

1940년대 미국에서는 아이러니컬하게도 '발성장애'가 유행했다.

영화 '카사블랑카'에 나왔던 배우 험프리 보가트, 그리고 역시 배우인 그의 아내 로렌 바콜의 저음을 청소년들이 오랫동안 따라한 것이 원인이 됐다. '보가트-바콜(또는 베이콜) 증후군'이라 불렀다.

이들 부부의 목소리는 당시 미국에서 교양과 권위의 상징으로도 여겨져 청소년들이 많이 흉내 냈다. 그러나 지나치게 저음을 내다보니 성대 바깥쪽의 근육을 과도하게 사용하게 됐다. 그로 인해 턱 근육이 심하게 경직되는 현상이 나타났다.

결국 개개인의 목 상태와 맞지 않는 잘못된 발성습관이 확산되면서 이 증후군으로 인한 부작용이 야기된 것이다. 즉, '보가트-바콜 증후군'은 성대모사로 인한 성대질환의 대표적인 예가 됐던 것이다. 참고로 삼을 만한 지난 시절의 얘기다.

잘못된 발성습관이 생기면, 목이 지나치게 긴장하게 된다. 호흡조절이 잘 안 된다. 또한 일상에서도 너무 낮은 음은 피로와 목의 통증을 유발할 수 있다. 올바른 발성 패턴의 교육과 적절한 트레이닝만이 보다 훌륭한 목소리를 내게 한다.

앞에서 얘기한 머라이언 발성법처럼 시원, 콸콸하게 소리 지르는 연습을 많이 하면 상큼, 명쾌하게 목소릴 낼 수 있다.

지친 후두를 위해선 마사지가 좋다. 그 방법이다.

①갑상연골을 좌우로 부드럽게 마사지한다.
②갑상연골은 부드러운 부분을 엄지와 검지로 잡고 원을 그리며 마사지한다.
③설골을 V 모양으로 마사지한다.
④귀 밑에서부터 대각선으로 이어진 부분을 아래쪽으로 내려가면서 마사지한다.

후두 마사지를 통해 근육을 늘리고 이완해 주면 후두관절의 운동 범위를 충분히 개선할 수 있다. 목소리가 안 나오거나 변형됐을 때도 따라하면 도움이 될 것이다.

폭염의 날씨에 차디찬 물이 콸콸 솟는 머라이언의 모습을 상상하는 것만으로도 벌써 시원해진다. 머라이언 발성법으로 목소리도 시원하게 만들도록 노력하자.

6. 아침마다 비명 스트레칭,
매혹의 목소리를 만든다

tbs 서울 교통방송에서 새벽 생방송을 진행할 때다.

온 세상이 잠들어있는 새벽 3시에 일어나 방송국에 도착하면 4시 전후, 5시면 나의 프로그램(공미정의 라디오를 켜라)이 시작됐다. 너무 이른 시간인지라 '방송의 생명'이랄 수도 있는 '목소리'가 제대로 나오지 않을까 봐 노심초사한 적이 한두 번이 아니었다.

운전하고 가면서 큰 소리로 노래도 불러보고, 창문 열고 소리도 질러 봤다. 목에 좋다는 포도주스, 메밀차를 상용하기도 했다.

백전노장의 가수들도 이른 시간의 콘서트는 기피한다고 하지 않는가. 오랜 기간 새벽 프로를 진행하면서 나 나름대로 터득한 게 하나 있다. 물론 목소리가 비교적 잘 나오게 하는 방법, 비법에 관한 것이다.

목소리는 사람을 잘 기억해주게 한다.

눈이 내리는 등 날씨가 안 좋을 땐 방송국에 갈 때 택시를 이용하곤 했다. 어두운 뒷좌석에서 말하는 내 목소리만 듣고 기사님으로부터 인사를 받는다.

"혹시 공미정 씨 아니세요? 제가 왕팬입니다. 맡고 계신 프로그램에 이따금 보내는 사연을 보냅니다. 제 문자 번호가 ○○○○입니다. 참 반갑습니다."

사우나에서 어느 분께 "혹시 '라디오를 켜라' 진행자 아니세요?"라는 질문을 받았을 때는 반갑기보단 어정쩡한(?) 장소 탓에 민망하기도 했다.

이토록 '목소리'는 사람의 기억에 각인이 된다. 굳이 의식치 않아도 물이 스미듯 기억 속에 저장된다. 따라서 무심코 내뱉는 말투와 목소리일지라도 실상은 엄청난 힘을 지니고 있는 셈이다.

운동을 할 때도 먼저 몸의 근육을 풀어주는 스트레칭을 하듯, 목소리 사용량이 많은 사람들도 목의 성대를 풀어주는 게 필수다. 이른바 성대 단련운동 등으로 꾸준히 적절한 관리를 해야 하는 것이다.

지인 중에 유명한 강사가 한 분 있다. 세 시간 정도 강의를 하고 나면 목이 많이 아프고, 이후엔 목소리가 잘 나오지 않는 게 고민이라고 털어놓았다. 평소 복식호흡 없이 목을 과도하게 사용하는 바람에 성대부종, 쉰 목소리, 성대 결절 등이 초래된 사례였다.

목소리에 탈이 생기면 원인치료는 상당히 길어진다. 치료가 제대로 안 되면 자칫 목소리를 잃을 수도 있다.

우리가 목을 살펴보면 튀어나온 부분이 있다. 후두를 구성하는 가장 큰 연골인 '갑상연골'이다. 그 안에 성대가 위치한다. 머리를 좌우로 돌리고 고개를 숙이면 옆에 빗장 모양으로 튀어나오는 근육이 있다. 바로 '흉쇄유돌근'이다. 이 흉쇄유돌근은 머리를 고정시키고, 근육이 수축될 때 흉골과 쇄골을 들어 올려 호흡에 도움을 준다.

먼저 갑상연골과 흉쇄유돌근 사이의 움푹 들어간 곳을 적당한 힘으로 7초간 눌러준다. 그리고 앞뒤로 7초, 좌우로 7초간 움직여준다. 피곤할 때 잘 뭉치는 뒷목을 '풍지혈'이라고 하는데, 거기를 10초간 강하게 눌러준다. 적당하게 풀리면 목 주변이 가벼워진 느낌을 받을 것이다. 그런 다음 바른 자세를 유지해서 호흡을 지속한다.

치아와 치아 사이의 간격을 유지하고, 입술 앞을 좁혀 '오~' 발음을 한다.

소리는 겉으로 내지 않는다. 공기 자체를 높은 음에서 낮은 음으로 낸다는 느낌으로 뱉는다. 이때 후두의 움직임이 느껴질 것이다. 후두는 최대한 내리며 유지하는 느낌을 갖게 한다.

이 연습을 충분히 하면서 '립트릴'을 한다. 고음에서 저음으로 가성의 느낌으로 천천히 그러데이션(부드러운 변이)을 하며 내려온다. 이

번에는 반대로, 저음대에서 고음대까지 또 천천히 그러데이션을 하며 올라간다.

이 트레이닝 방법으로 소리를 낼 때 불필요한 근육의 힘이 덜어진다. 그로 인해 목뿐만 아니라 상체 모든 곳에 힘이 풀리게 된다. 음성과 관련된 기관들이 제 기능을 원활히 하기 위해서는 주변 근육들의 긴장도 풀어져야 하기 때문에 혈액순환도 잘 돼야 한다.

필요가 없는 힘을 주게 되면 호흡이 불안정해지고, 소리 역시 편안한 느낌을 주지 못한다.

성대 운동법으로 '립버블', 즉 '입술 털기'가 있다.

방송인들은 이 립버블 운동을 많이 한다. 스튜디오에 들어가기 직전에 온몸의 힘을 빼고 '아르르르, 아르르르', '푸르르르, 푸르르르' 하고 입술을 풀어준다.

입술 털기 방법을 구체적으로 기술하겠다.

①양 볼에 살포시 손을 올린다.
②가슴을 펴고, 숨을 크게 들이마신다.
③입술을 가볍게 부딪치면서 입술과 목에 힘을 빼고 '부르르' 털어주는 게 중요하다.

어떤 트레이닝이든 너무 지나친 연습량보다는 적당히 하는 게 중요하다. 한 번에 30초 내외, 짬짬이 10회 정도해주면 성대 근육을 풀어주는 데에 효과가 있다. 쉬거나 불편한 목소리가 2주 이상 지속되면 성대의 근육운동을 꾸준히 해주면서 전문가의 도움과 상담을 받아 보는 게 좋다.

스피치 중 억양에 따라 청중을 사로잡을 수 있다. 억양이란 단어에 강약을 주거나, 목소리의 속도에 변화를 주고, 음량을 바꾸는 것을 일컫는다. 이러한 변화로 상대에게 좋은 인상과 함께 집중도를 높일 수 있다.

반면 음성에 억양이 없으면 어딘지 개운치 않은 인상을 주게 된다. 감정을 명쾌하게 전달하는 게 불가능해진다.

일상적으로 대화할 때 일부러 억양을 의식하고 말할 필요는 없다. 평소 억양이 없는 음성을 사용하던 사람이 상담이나 발표를 해야 될 경우, 갑자기 억양을 덧붙이려면 쉽지 않다. 평소에 쓰지 않던 근육을 갑자기 사용하면 힘을 제대로 쓸 수 없듯이 음성 역시 마찬가지다. 파워풀한 목소리와 다양한 높낮이의 음성을 내기 위해서는 성대의 근육을 트레이닝 해야 하는 게 필수다.

성대의 다양한 근육을 활용하기 위한 준비운동을 해보자. 폭이 넓은 음역을 갖기 위해서 활용할 방법이다.

①가슴 앞에 양손을 모으고 손바닥을 천천히, 그리고 조금씩 밀어보자.

②'악, 악, 악, 악, 악' 비명을 동일한 음으로 10초 간 내본다.

③'악, 악, 악, 악, 악' 다섯 번을 한 세트로 해서, 그걸 평소에 내는 음,

또 낮은 음과 높은 음으로 각각 5세트씩 반복한다.

여기서 중요한 점은 뒷부분의 '악'에서 단정하게 끊어주는 것이다. 이 부분에서 성대가 닫히면서 진동이 가해져 성대근육이 트레이닝 된다.

양손을 가슴 앞에 모으는 동작은 이비인후과에서도 흔히 활용하는 방법이다. 이 동작을 사용하면 어깨 쪽에 힘을 주지 않게 되기에 편안하게 복부로 소리를 낼 수 있게 되는 것이다.

앞서도 얘기했듯 성대도 나이처럼 늙는다. 성대가 늙으면 근육 수축이 안 돼 잘 닫히지 않게 되고, 공기가 밖으로 샌다. 성대 노화는 높은 음을 내기 어렵게 하거나, 음 이탈(일명 '삑사리')을 초래하는 경우가 많다.

언제나 싱그러운 목소리, 매혹의 목소리를 내기 바란다면 아침에 눈 뜨면서 비명을 질러보자.

이른바 비명 스트레칭, 클수록 효과도 크다.

7. 목소리를 낼 땐 전신의 힘을 빼라
-'좀비기법'

아이들이 엄마의 목소리를 단 1분만 들어도 뇌가 발달한다는 연구 결과도 있다.

놀라운 일이다. 그렇다. 음성은 단순히 전달 수단에 그치지 않는다. 음성 안에는 사람을 사람답게 해주는 보물이 깃들어 있다.

미국의 이비인후과 의사인 모튼 쿠퍼 박사는 『목소리를 깨워라, 삶을 바꿔라』라는 저서에서 다음과 같이 주장한다.

많은 사람들이 자신이 타고난 목소리에서 벗어난 음성으로 말하곤 하는데, 자신의 진짜 목소리로 말을 하면 사회적으로 성공할 가능성이 높아질 뿐만 아니라 건강에도 좋다.

쿠퍼 박사에 따르면, 입을 다물고 끝을 약간 올리는 억양으로 '음–', '흠–' 했을 때 나는 목소리가 자신의 진짜 음조라고 한다. 이때 코와 입술 주위가 가볍게 떨리는 게 정상이다. 가슴이 아니라 배로 숨 쉬면서 자기 목소리로 말하면 자신감이 강화되고 건강에도 좋다는 것이다.

목소리의 기본은 '호흡'이다. 늘 강조하듯, 숨을 코로 들이마시고 입으로 천천히 내뱉는다. 배로 소리를 끌어올려 발성한다.

후두에 위치한 성대는 발성기관으로, 남성은 1초에 100~150회 진동한다. 여성은 200~250회이다. 남성임에도 '파리넬리'처럼 여성의 고음이 나는 경우는 성대의 근육이 지나치게 긴장된 상태에서 소리를 내보내기 때문이다.

소리는 성대의 진동을 받아 공명해야 한다. 하지만 일부분만 써서 목소릴 내면 성대에 '폴립'이라는 굳은살이 생긴다. 일반적으론 목 질환과도 연관이 깊다. 따라서 건강을 위해서라도 자신의 목소리를 내려는 의지와 꾸준한 노력이 필요하다.

그러기 위해선 두 가지 점에 유의하길 바란다.

①스스로가 낼 수 있는 중간 음을 내본다. 중간 소리는 노래를 부를 때

처럼 '도, 레, 미, 파, 솔' 등 음계를 불러 찾는다.

②중간 음이 파악되면 같은 높이를 유지하며 '아' 소리를 낸다.

친구들과 통화할 때 저자는 가끔 다음과 같이 말한다.

"웬만하면 앉아서 전화 받지."

이때 상대가 화들짝 놀라며 대꾸한다.

"어머, 어떻게 알았어? 나, 누워있는 거."

다 아는 수가 있다고, 대충 넘어간다. 그러나 목소리에는 다양한 정보가 담겨 있다.

사람의 목소리는 여러 느낌을 전달하면서 그 상태를 대변한다. 지금 상대방 기분이 유쾌한지, 불쾌한지, 활기찬 건지, 무기력한 건지를 목소리가 알려준다. 또 내게 호감을 갖고 있는지, 비아냥대는지, 화가 났는지 등 미묘한 감정이 음성으로 표출된다. 그 외에 이런저런 신체의 상태까지도 목소리로 표현된다. 심지어는 목소리만으로 특정인의 성격(낙천적, 비관적, 신경질적)이나 체형(날씬, 비만), 체구(장신, 단신)까지도 예상할 수 있다.

이처럼 목소리가 상대방에게 전달하는 뉘앙스는 절묘하다. 말의 호소력이 뛰어나거나, 감동을 주는 사람의 목소리는 깊은 울림이 있다. 명쾌하고 톡톡 튀는 듯한 아나운서의 목소리는 참 단정하게 느껴진다.

울림이 있는, 단정한 목소리의 소유자가 되고 싶은가?

먼저 잔뜩 들어간 힘을 빼야 한다. 경직된 부분을 부드럽게 이완시켜야 한다. 특히 침체된 느낌의 목소리를 내는 건 목에 힘을 주는 버릇 때문이다.

골프를 잘 치고 싶으면 힘을 빼라고 하지 않던가. 좋은 목소리 역시 그러하다. 목소리에 쓸데없는 힘을 빼는 훈련이 필요하다.

상반신에 힘을 주고, 흉식으로 호흡하기 때문에 부드러운 목소리가 나오지 않는다. 목소리를 낼 때 '전신의 힘을 빼는 것'이 기본이요, 핵심이다.

①손과 어깨를 상하좌우로 흔들거나 움직여 보라.
②거리를 걸으면서 심호흡을 하라.
③안면근육, 목, 턱, 어깨, 팔 등의 힘을 빼고, 다리엔 힘을 준다.
④시선은 전방 15도에서 20도를 주시하라.
⑤발톱 끝에 중심을 맞추고 몸 전체가 약간 기울어진 상태를 만들라. 이때 발바닥은 땅에 붙여라.
⑥머리와 목의 위치는 발성기관에 직접적인 영향을 주므로 너무 위나 아래로 향하지 않도록 주의하라.

이를 실제로 활용하기 위한 방법이 소위 '좀비기법'이다.

좀비 영화를 보면 그들은 힘이 하나도 없고, 몸을 축 늘어뜨린 채 시선은 먼 곳을 응시하고 걸어 다닌다. 또 아무런 생각도 없어 보인다. 그 모습을 상상해 보자.

① 전신의 힘을 빼고, 상체를 앞으로 구부린다. 팔과 머리는 늘어뜨린다.
② 팔을 크게 앞뒤, 양옆으로 휘저으며 흔든다. 상반신은 반동을 이용해 앞뒤로 흔든다.
③ 팔이 머리 위쪽으로 왔을 땐 팔을 치켜들며 '파' 하고, 팔을 내리찍으며 '오, 옹' 하는 소리를 낸다.
④ 2와 3의 동작을 30초간 6회 반복한다.

팔을 앞으로 치켜들었다가 뒤로 내리찍을 때 팔의 반동을 생각하며 목소리를 실어보자. 영화 '부산행'의 좀비 모습을 상상하면 한결 쉬워진다. 비교적 동작이 크고 많아서 사람들이 보는 게 쑥스럽다면 혼자 있을 때 실컷 연습해 보는 것도 요령이다.

누구든 좀비 동작 트레이닝을 하면 상반신의 힘이 빠진다. 힘을 빼고 목소리를 내는 연습 방법으론 제일이다.

처음에 '파'로 시작하는 이유는 '파'가 파열음이기 때문이다. '파'는 입을 크게 벌려 발음하기에 그 힘을 이용해 목소릴 내는데 안성

맞춤이다.

계속 트레이닝을 해도 좀체 요령이 안 생길 땐 맨 처음 2의 동작을 따라하면서 '오~'라고 발음해 보자. 힘이 빠지면서 감각이 생긴다.

좀비기법을 평소 꾸준히 연습하면 목에 힘이 안 들어가고, 자연스럽게 멋진 발성을 할 수 있게 된다. 특히 평상시 첫음절 소리가 편안해진다.

사람의 이미지에 결정적 영향을 미치는 요인은 목소리와 말투다.

목소리와 말투의 완급, 고저 등은 남들에게 비치는 자신의 인상을 좌우한다. 중요한 첫인상에도 큰 영향을 미친다. 신뢰감, 안정감이 있는 목소리 톤은 사람들을 매료시킨다. 게다가 알맞은 속도감에 다정하고 따뜻한 어조까지 갖추고 있다면 금상첨화, 그는 이미 매력 넘치는 만인의 멋쟁이다. 목소리 톤이 아주 좋아도 발음이 불량하면 상대에게 비호감의 인상을 줄 수 있다.

자투리 시간 틈틈이 '좀비기법'을 연마하라. 반드시 좋은 결과를 얻어낼 것이다. 긴장을 풀고 전진!

8. 카리스마 목소리, '까치소리'

이탈리아의 메조소프라노 피오렌자 코소트의 목소리는 순수하고 아름답다. 풍부한 성량, 강렬한 극적 표현과 연기로 순도 100%의 목소리를 자랑한다. 진정 그녀의 카리스마는 빛난다.

어떤 목소리를 지니고, 또 어떤 어휘를 구사해야 카리스마가 풍길까? 누구나 다 알고 싶은 대목이다.

교단에서 학생들을 가르칠 때도 교수에게서 카리스마가 풍기는 경우엔 여러 이로운 점이 발생한다. 학생들은 바짝 긴장하므로 선생님은 정말 편안함을 느낀다. 심지어는 학생들의 행동이 질서 있게 정리되기도 하니 나쁠 게 뭐 있겠나.

'설득 스피치'는 말만으론 안 된다. 전달하는 방법이 아주 중요하다.

그리스어에서 유래한 '카리스마'라는 말은 '무상의 선물', '은혜'라는 뜻을 담고 있다. '마음을 이끄는 힘'이라고도 한다.

'오성'이란 게 있다. 두성, 비성, 후성, 흉성, 복성이다.
준수한 목소릴 가지려면 발음과 발성이 중요하고, 아울러 다양한 변화를 가져야 한다. 특히 변화를 줘 '톤'을 높게 유지하면 긴장감이 따른다.
복성을 트레이닝하면 소리를 오래 낼 수 있다. 이미 언급한 바 있지만, 숨을 코로 들이마시고, 입으로 내쉬는 게 좋다. 깊숙하게 들이마시고, 30초 동안 천천히 내뱉기 등 호흡을 늘리는 연습을 꾸준히 하면 복근운동도 되고 장(腸) 마사지도 된다.
성악가들이 입모양을 동그랗게 하는 건 소리의 공명을 만들기 위해서다. 그들이 거울을 보면서 끊임없이 연습하듯 그렇게 노력하는 게 중요하다.

사람들은 곧잘 묻는다.
"왜 저 사람 앞에만 서면 주눅이 들고 목소리까지 기어들어 갈까요?"
'그대 앞에만 서면 나는 왜 작아지는가~'라는 어느 노래 가사가 생각나는 대목이다. 사실 카리스마가 있고, 매사에 당당한 사람들을 보면 그 사람의 아우라에 무의식중에 압도당할 때가 있다.

'존재감'이란 흔히 카리스마, 에너지, 활력으로도 불린다.

청중을 휘어잡는 카리스마는, 바로 목소리에서 비롯된다. 목소리가 그 답이다.

누군가가 경박한 목소리로 말을 할 땐 좀체 집중이 안 된다. 반면, 한 마디 한 마디의 말이 묵직하게 파고들면서 청중들로 하여금 자연스레 귀를 기울이게 하는 목소리도 있다.

목소리는 타고나는 것이라 인력으로 어쩔 수 없는 거라고 말하기도 한다. 과연 그럴까. 노력으로 얼마든지 변할 수 있는 게 목소리라고 앞에서부터 줄곧 밝혀 왔다. 그러므로 목소리의 카리스마 역시 동일하게 노력하면 얻을 수 있다.

카리스마가 있는 목소리란 무엇일까. 어떻게 카리스마가 담긴 말을 할 것인가.

어색하고 껄끄러운 목소리는 일단 금물이다. 마치 책을 읽는 듯한 목소리도 피해야 한다. 겉모양에서 풍기는 카리스마마저 손상시킬 뿐이다.

카리스마 넘치는 목소리를 지니기 위해선 강약을 적절하게 조절하는 게 중요하다

업무적으로 훌륭한 평가를 받는 사람들은 어떨 때 크게, 또 어떨

때 작게 말해야 할 건지 안다. 상황에 따라 어떻게 절묘하게 목소리에 변화를 줄 것인지도 잘 안다. 또 차분한 저음을 잘 활용해 매혹적인이며 카리스마가 묻어나는 목소리로 말하는 능력을 갖췄다.

카리스마 넘치는 목소리는 마치 아름다운 음악처럼 상대방을 편안하게 해준다. 그러니 늘 좋은 성과가 따라온다.

어떻게 훈련해야 능숙하게 목소리의 강약이 조절할 수 있을까?

①'까치소리'를 흉내 내며 큰 목소리와 작은 목소리로 7초에 걸쳐 1세트.
②'깍~, 깍~'을 큰 목소리로 7초.
③'깍~, 깍~'을 작은 목소리로 7초.

실제 까치처럼 목소리가 잘 뻗어질까? 간단해 보이지만, 의외로 어렵게 느끼는 사람들도 있을 것이다. 그러나 자신감을 갖고 큰 소리를 내는 게 중요 포인트다.

예컨대, 동굴의 한쪽 끝에서 반대편 끝에 있는 사람에게 고함친다는 느낌으로 힘껏 소릴 질러보자. 작은 목소릴 낼 때는 똑같은 방법으로 내쉬는 호흡의 양을 줄여본다. 목소리의 크기로 내뱉는 호흡의 양을 적절하게 컨트롤할 수 있는 것이다.

카리스마 있는 말은 단호하다. 단호한 말은 명확한 비전을 제시한다.

하지만 실제로 '단호하게 말한다는 것', 그건 그리 호락호락한 게 아니다.

평소에 말끝마다 '~인 것 같습니다', '~같다는 생각이 듭니다'라는 어휘를 습관적으로 쓰는 사람들이 참 많다. 단정해 말하지 않고, 얼버무리거나 흐리게 하는 습성이다. 뭔가를 변명거리를 열거하거나 애매모호하게 흐리는 말투이다. 실제로 '아니에요. 그렇다고 단정한 적은 없어요.', '그럴 수도 있다고 말한 것뿐입니다.'라는 뒷걸음으로 이어지기도 한다.

카리스마가 느껴지는 단정적 언사의 사람에게서 깊은 인상을 받곤 한다. 대신, '단언'이란 것은 리더로서의 자질의 척도인 만큼 항상 심사숙고의 결과라야 한다.

누구나 말로 생각하고, 말로 의견을 표현한다. 또 말로 상대를 이해시킨다. 제아무리 시대가 바뀌고, 환경이 변해도 사람의 말과 사고의 구조는 불변이다. 카리스마 있는 목소리는 말하는 사람의 진정성을 드러내는 제1의 표상임을 명심해야 한다.

'까치 목소리', 그게 진정한 '카리스마'이다.

chapter 3.

발음 및 음색 조절

1. '혀'의 움직임을 부드럽게 만들기

'혀'는 근육이다.

근육이란 무슨 의미일까? 사용치 않으면 단단히 굳어져 버린다. 말하기 전 충분히 이완시켜주느냐, 경직된 채로 시작하느냐에 따라 엄청난 차이가 있다.

혀의 위치는 입안 바닥과 혀뿌리로부터 입안으로 돌출돼 있다. 말할 때 쓰이는 대표적인 조음기관인 혀, 즉 근육을 잘 풀어주면 발음이 부드러워지고 좋아진다. 발표나 연설, 또는 방송 전에 잘 풀어주면 스피치 할 때 크게 도움이 된다. 당연히 듣는 사람들에게는 한층 설득력 있게 전달된다.

혀를 풀어준다는 것은, 혀뿌리까지 그렇게 한다는 의미이다. 코까지 위로 올려보고, 턱밑까지 길쭉하게 내밀어 보자. 혀가 풀리면 평상시에 어렵게 느껴지던 단어들도 편안하게 발음할 수 있게 된다.

이렇듯 평소에 발음이 뭉개진다든가, 혀 짧은 소리가 난다는 소릴 많이 듣는 사람들은 발음에 대한 기본적인 정보를 이해하는 게 중요하다. 혀를 풀어주자. 단, 혀끝에 머물지 말고 혀뿌리까지 깊숙이.

발음문제에 있어 조음 장애의 원인은 크게 두 가지의 경우이다.

①치열의 부정교합, 구개파열, 설소대 단축증, 청각장애, 뇌병변 등으로 인한 구조적 원인.
②잘못된 발음 습관에서 기인한 기능적 원인

첫 번째 경우는 의학적 치료가 필요하다. 두 번째는 코칭과 훈련을 통해 얼마든지 개선될 수 있다.

발음의 형태에는 크게 나눠 대치, 생략, 첨가, 왜곡 등이 있다.

①'대치'는 특정한 음을 다른 특정 음으로 발음하는 것이다. 예를 들면 '사과'를 '다과'로 발음하는데, 'ㅅ' 음을 'ㄷ' 음으로 발음하는 경우이다.

②'생략'은 특정음을 발음하지 못해 말을 생략하는 것이다. '사과'를 '아과'로 발음하듯 'ㄱ' 음을 생략해 모음만 발음하는 것이다.

③'첨가'는 원래 없던 새 음을 덧붙이는 것이다. '사과'를 '삭과'로 발음하듯 'ㄱ' 음을 첨가해 사용하는 식이다.

④'왜곡'은 어떤 음을 발음한 걸로 생각하지만, 그게 결코 정확한 발음이라고 할 수 없는 경우를 말한다.

이러한 현상들은 대부분 말의 속도에서 비롯된다. 그렇다. 말의 정확도는 말의 속도에도 영향을 받기 때문이다.

말이 빨라지면 동시조음력이 함께 높아져야 한다. 동시조음력이 높아지려면 조음 근육들의 기능이 신속 정확하게 이뤄져야 한다. 이러한 능력은 말이 빠를수록 더 많이 요구된다. 그리고 문장이 길어지면 조음 능력의 유지도 오래 지속돼야 한다.

그러므로 이런 능력에서 기능적인 문제가 있는 사람이나, 전달해야 할 게 많은 사람들은 말이 빨라지거나 발음의 명확성이 떨어진다. 심한 경우에는 근육의 움직임이 꼬여서 발음도 꼬이고, 더듬거리는 증상도 나타날 수 있다.

"교수님, 저는 발음이 잘 안 돼 고민인데요, 설소대 수술을 해야 될까요?"

수업 시간에 이렇게 묻는 학생도 있었다. 수술까지 생각했다니 그 고민이 얼마나 컸을까 미뤄 짐작할 만했다.

다행히 학생은 구조적 문제가 아니었다. 수술할 필요가 없었다. 복식호흡과 보이스 트레이닝을 권했다. 열심히 따라와 준 덕분에 이젠 거의 치유됐다.

사실 이 학생의 경우, 어릴 때부터 교정을 했더라면 더 쉽게 정상적인 발음을 할 수 있었을 것이다. 그러나 성인이 돼 모든 조음운동성이 멈춘 상태였기에 시간과 노력이 훨씬 많이 필요했던 것이다.

사실 스피치에 능란하다는 아나운서라 할지라도 매번 방송을 원활하게 진행하는 건 아니다. 원숭이도 나무에서 떨어질 때가 있다고 하지 않나. 당일의 몸 컨디션, 전날의 행동거지까지 연관성을 띤다. 그러므로 철저한 자기관리가 아주 중요하다.

노련한 어느 아나운서 한 분도 "뉴스를 말씀드리겠습다, 딸꾹!" 하는 해프닝이 있었다. 필자라고 오랜 방송생활 중 어찌 이런 저런 실수담이 없었겠나.

내 딴엔 목소리를 부드럽게 한다고 방송 직전 사탕이나 커피 등을 즐기곤 했었다. 결국은 이걸로 사달이 났다. 방송 내내 침이 꿀꺽 꿀꺽 삼켜졌으니 어찌 진행이 매끄러울 수 있었으랴?

"제가 오늘 커피를 너무 많이 마셨습니다. 목소리가 매끄럽지 못해 불편을 드린 점, 정말 죄송합니다."

이렇게 부끄러움을 무릅쓰고 사과 멘트를 했었다.

자신의 혀의 움직임이나 발성이 제대로 안 된다고 낙심하지 말자. 모든 건 전문가의 도움을 받으며 충분하게 연습하면 해결된다. 단, 다른 일들처럼 본인의 노력 여하에 따라 성패가 갈린다.

혀는 몸에서 가장 자유로운 근육이다. 다른 근육들은 인대나 뼈 양 끝에 붙어있어 움직임이 제한되지만, 혀는 근육이 한쪽 끝에만 붙어있다.

이러한 이유로 혀는 우리 몸에서 가장 능동적이고, 유연하게 움직일 수 있다. 물론 입술, 치아, 성대 등이 발성에 큰 영향을 준다. 그러나 자음과 모음을 만드는 발음은 혀의 유연성에 관련되어 있다.

성대를 지나서 올라오는 흐름이 조금만 바뀌어도 귀에는 전혀 다른 소리로 들린다. 이때 기류를 알맞게 변형하기 위해선 혀의 유연하고 섬세한 움직임이 있어야 하는 것이다.

특히 혀가 충분히 풀어지지 않은 상태에선 혀를 혹사시키는 결과를 빚는다. 그러므로 혀 근육을 부지런하게 움직이고, 혀를 정확한 위치에 놓는 게 중요하다.

이 트레이닝을 열심히 하면 발음은 당연히 좋아진다.

아나운서나 앵커들은 발음 향상을 위해 '볼펜 물고 발음하기'를 연습한다.

실제로 도구도 사용하지 않고 자유롭게 발음했을 때와 볼펜을 물고 발음했을 때를 비교해 보자. 혀 위치에 어떤 차이가 있는지를 분석해 보면 확연한 차이를 느낄 수 있게 된다.

볼펜을 입에 물면 턱이 고정돼 혀의 움직임이 더 정교해진다. 간편하게 할 수 있고, 효과도 있어 수업시간에 학생들에게도 많이 권한다. 와인 코르크도 좋은 도구 중 하나이다.

발음과 연관된 조건 중에서 가장 중요한 점은, 혀를 정확한 위치에 빠르게 가져다 놓은 것이다. 혀를 단어 특성에 맞게 상하좌우로 움직이는 게 좋다. 혀 운동을 열심히 하지 않으면 말이 빨라지고, 발음이 부정확해지며, 혀 짧은 소리가 난다.

혀를 열심히 운동시키는 방법으로 평상시 '혀 체조'를 하는 게 좋다.

아나운서들, 그리고 전문 방송진행자들이 '이 콩깍지가 깐 콩깍지냐, 안 깐 콩깍지냐', '스위스에서 온 스미스 씨가 미스터 스미스 씨냐, 미세스 스미스 씨냐', '경찰청 창살이 목(木)창살이냐, 철창살이냐' 등 문장으로 발음훈련을 열심히 하는 건 바로 혀 운동을 염두에 둔 까닭이다.

본인도 새벽에 방송할 때 바로 내 뒤의 프로그램 아나운서가 지각하는 바람에 대타로 방송한 적이 있는데, 원고를 대충이나마 읽어 볼 새도 없는 급박한 상황이었기에 발음 실수를 한 적이 있다. '경찰청'을 '경찰텅'이라고 읽는 등의 실수로 청취자들의 웃음을 샀던 것이다.

나이가 들면 발음이 나빠진다. 혀의 움직임이 적거나, 치아의 맞물림이 나쁘다거나, 혀가 굳어지기 때문이다.

혀의 움직임을 트레이닝 해 좋은 발음을 얻는 연습을 열심히 해보자. 이 트레이닝을 위한 간단한 방법이 있다.

메롱, 메롱!

이렇게 소리 내며 길게 혀를 빼보는 것이다. 다소 우스꽝스럽지만, 이 행동을 몇 차례 반복해 보면 당장 효과를 얻을 수 있을 것이다.

혀의 근육과 발음 사이의 관계를 잘 알면, 스스로 잘못 발음하게 하는 부위를 파악해 집중적으로 풀어줄 수 있는 것이다.

발성이 좋지 않은 건 온몸이 긴장돼 있다는 증거다. 복식호흡을 하고, 혀로 양 볼을 밀고, 손가락을 입술 앞에 세워 혀를 내민 후 양쪽을 밀어주자. 그리고 발음할 때는 자음보다 모음에 더 신경써보자.

'ㅣ'는 입과 혀의 앞부분, 'ㅜ'는 입과 혀의 안쪽 부분에서 나는 소리다.

이런 모음들을 성의 없이 대충 발음하면 혀 짧은 발음이 된다. 모음 두 개가 한 음절을 이루는 이중모음은 소리의 처음과 끝이 달라진다. 이 발음을 정확하고 빠르게 발음할 수 있어야 드디어 발음이 완성된다고 할 수 있다.

목소리는 누구나 다 다르고 억지로 만들 수 없는 것!

그러나 좋은 발음의 주인공이 되기 위해선 또박 또박 큰 소리로 열심히 훈련하는 것만이 정답이다. 빠른 방법, 지름길에 너무 의지하지 말자. 주위엔 '지름길'이 없는 곳도 있다.

2. 올바른 발음을 내 손 안에

"태어날 때부터 전문가인 사람이 어디 있는가? 누구에게나 처음은 있는 법, 독수리도 기는 법부터 배우지 않나? 처음이니까 모르는 것도 많고, 실수도 많겠지."

맞는 말이다. 하지만 자기 위안에 그치면 앞으로 나갈 수 없다. 말도 그렇다. 노력하지 않으면 나아질 수 없다. 좋든 싫든 우리는 매일 눈뜨면서 함께해야 하는 게 '말'이요, 거기에도 솜씨라는 게 따른다. 이른 바 '말솜씨'다.

말솜씨는 타고나는가? 그럴 리 없다. 스스로의 노력에 따라 얼마든지 그 솜씨가 달라진다. 하지만 참 많은 사람들에게 기본적인 말솜씨가 없거나 부족하다. 발음은 어눌하고, 내용은 논리적이지 못하다.

한 토론 프로그램, 출연한 어느 패널의 태도가 비난의 대상이 된 적이 있다. 비논리적인 자기주장만 내세우려는 건 물론, 상대방이 말할 땐 발끈하며 말을 끊으면서 전혀 들어보려고도 하지 않았다. 이를 본 시청자들은 혀를 찼다.

모 방송국에서 '시사 진단'이라는 프로그램을 진행한 적이 있었다. 검증되지 않은 내용들이 튀어나올 때 심각한 상황으로 진전될 수도 있었다. 그러기에 항상 생방송은 피하고 녹음해서 방송했다.

당시, 나름대로 한가락 한다는 정치인들이 여럿 만났었다. 다들 청산유수의 달변가들일 거라는 내 선입견은 보기 좋게 빗나갔다. 헛발질이었던 셈이다. 엔지(NG)와 엔지를 되풀이하고 나서야 겨우 방송을 마치곤 했다.

자칭 타칭 '스피치의 대가(大家)'라는 사람들도 미리 준비된 글을 활용할 때에만 그럭저럭 좋은 평가를 받을 수 있을 뿐이다. 아무런 준비 없이 행하는 즉흥 스피치는 듣기 거북할 뿐 아니라 황당무계할 때도 많은 게 사실이다.

그러나 듣는 사람들을 늘 매료시킬 만큼 말솜씨가 훌륭한 사람들도 적잖다. 작고한 로널드 레이건 전 미국 대통령은 달변가로 유명했고, 퇴임한 버락 오바마 대통령 역시 높이 평가할 만한 스피치 달인에 속한다. 그들의 높은 지지율에 크게 한몫을 한 것은 바로 스피치 능력이었다.

말 잘하는 사람들의 공통점의 하나는 예화가 내용과 적절하게 맞아떨어진다는 점이다. 또한 명언, 격언, 속담 등을 잘 활용한다. 감명 깊게 읽었던 문학작품 속의 구절들을 적절하게 인용한다.

말솜씨가 부족한 사람들이 남의 눈총을 받곤 한다. 그러나 대중 앞에 서는 일은 이제 피할 수 없다. 많은 사람 앞에서 자기소개를 한다거나, 반드시 필요한 말을 나서서 이야기해야 한다. 경조사에 참석한 사람들에게 인사말이라도 해야 하는 등 사소한 것에서부터 중요한 경우까지 다양하다.

특히 조직생활을 하는 사람들에겐 회사 매뉴얼이나 고객 응대 방침, 추진하는 업무상황 등을 해당자들에게 설명해야 하는 경우가 많다. 말솜씨는 필수적이랄 수도 있다.

대학에서 강의할 때, 학생들에게 1분 내외의 자기소개를 시키곤 한다. 대단히 난감해하는 학생들이 많다. 그에겐 1분이 마치 10년처럼 느껴지기라도 하는 걸까, 식은땀까지 흘린다.

그렇다면 어떻게 해야 말을 잘 할 수 있는 걸까?

스피치는 자신의 감정과 관점을 듣는 이들에게 전달하는 행위다. 크게는 음성언어와 신체언어로 구분된다.

'스피치'는 '말, 언어의 개념'이다. 사전에는 '청중을 타깃으로 하는 말'이라고 풀이돼 있다. 담화, 연설, 토론, 토의 등이 이에 속한다. 좁은 개념으로는 인용법을 뜻하는데, '인용'이란 남의 생각이나 말을 그대로 따오는 것을 의미한다.

발표 능력을 키우려면 올바른 발음이 전제돼야 한다.

주위엔 목소리가 너무 크거나 작아서, 혹은 톤이 지나치게 높거나 낮아서 고민하는 사람들이 흔하다. 또는 어린아이처럼 '엥엥'거리는 자신의 목소리 때문에 난감해하기도 한다. 올바른 '발성법'을 익혀야 한다. 발성법만으로 큰 효과를 기대할 수 있다.

우선 '발성기관'은 소리가 만들어지는 곳이다.

입을 다물고 소리를 내보면 소리의 울림이 느껴진다. 한쪽 콧구멍을 막고 소리를 내보면 콧구멍 속에서의 소리의 울림을 쉽게 감지할 수 있다.

'공명기관'은 성대에서 나온 소리가 입술로 터져 나오기 전에 입안과 콧구멍 등에서 울리게 하는 역할을 한다. 공명은 서로 맞뚫린 공명기관의 도움으로 발성기관에서 나온 소리가 커지는 것을 말하기도 한다.

'조음기관'은 입술, 혀, 입천장, 아래턱 등으로 발성기관과 공명기관을 거쳐 만들어진 소리를 비로소 말이 되게 한다.

'느'와 '르'를 발음할 때 혀의 위치를 느껴보라. 또 '느', '브', '프'의 발음을 입술을 다물지 않은 상태에서 시도해 보라. 제대로 된 소리를 낼 수 없을 것이다. 이처럼 조음기관의 도움 없이는 정확한 발음을 만들어 낼 수 없는 것이다.

발음 연습을 하기 전엔 늘 입술과 턱, 그리고 얼굴 근육 운동을 해야 한다. 언어의 변별은 입술과 혀를 움직여 성대부터 올라온 음을 조절하여 생기기 때문이다.

그러기 위해 혀의 상하, 좌우, 전후의 움직임과 회전운동이 자연스럽게 돼야 한다. 안면근육도 음의 공명을 위해 중요한 역할을 하다. 발음과 음색을 자연스럽게 하기 위해 연습을 통해 근육이 활발하게 움직이도록 해야 한다.

또한 말소리는 그 사람의 됨됨이와 밀접한 관계가 있어 보이므로 필요 이상의 큰 소리를 내지 않도록 주의해야 한다.

사람의 음성은 목(후두)에서 만들어지며, 후두는 코의 뒤쪽에서 식도의 입구까지를 말한다. 제아무리 훌륭한 악기를 쓴다 해도 다루는 방법이 서툴면 좋은 소리가 나지 않는 법이다. 좋은 음성을 위해선 호흡법, 발성법을 꾸준히 훈련해야 한다.

사람이 애초에 갖고 태어난 자연의 소리, 아성의 소리는 적합한 트레이닝을 통해 이상적인 소리로 가꾸는 건 매우 중요한 일이다.

목소리를 내려면 발성, 호흡, 조음의 세 가지 조건이 조화를 이뤄야 한다.

따라서 목소리 트레이닝의 기초는 우선 호흡을 행하는 기관, 즉 폐와 횡격막 및 호흡근을 단련하여 호기(呼器)와 흡기(吸器)가 자유롭게 조절될 수 있도록 해야 한다.

개인적으로 좋아하는 발성이 있다. 그런 발성을 지닌 할리우드 배우가 있다.

바로 잭 블랙이다. '잭 아저씨'로 불리며 두어 차례의 내한하는 등 우리에게도 친근한 그는 1992년 단역으로 시작해 명배우로 성장했다.

그는 '스쿨 오브 락', '내겐 너무 가벼운 그녀', '앵커맨', '킹콩', '쥬만지-새로운 세계' 등 작품으로 우리를 즐겁게 해왔다. 특히 그의 매력을 한층 돋보이게 한 게 바로 '발성'이었던 것이다.

한창 영어를 배우던 시절, 그가 주연한 '걸리버 여행기'를 자막 없이 몇 번씩 되돌려 보곤 했다. 아주 정확하고 근사한 그의 발음을 익히면서 '영어 포비아'에서 벗어날 수 있었다.

'정확한 발음'은 상대에게 신뢰감을 준다. 그러므로 정확한 발음의 가치는 언어 구사, 그 이상이다. 마치 우리가 숨 쉬고 마시는 공기나 물에 대해 인지하지 못 하고 있는 것과 같은 맥락이라고나 할까?

먼저 부담감 없이 구사할 수 있는 자신의 음역을 선택하라. 대단히 중요하다. 적절히 선택된 음역은 듣는 사람들을 기분 좋게, 마음의 문을 활짝 열어놓게 만들기 때문이다.

그렇다. 자신의 음역대를 시험해서 찾아라. 좋은 울림을 만들어 줄 것이고, 올바른 발음으로 이끌어줄 것이다.

3. 말 시작 전에 '히잇' 웃자

누구나 눈 뜨면 하루 종일 좋은 목소리를 내고 싶을 것이다. 그러기 위해선 성대근육 트레이닝을 열심히 해야만 한다.

이 세상에 저절로 얻어지는 게 뭐가 있겠는가. 좋은 목소릴 갖기 위해선 기초부터 차근차근 밟아나가면서 차츰차츰 단계를 높여가야 한다.

목소리 트레이닝 방법에 대해선 이미 언급했다. 이번엔 입 주변의 근육 풀기에 대해 이야기한다.

요즘엔 어려 보이는 동안을 만들기 위해 페이스 요가라는 것도 출현했고, 홈쇼핑에 재밌는 페이스 운동기구까지 등장했다. 입에 기구를 물고 양 끝이 선풍기 날개처럼 펄럭거리는 모델의 모습을 보고 한참 웃었던 기억이 난다.

'얼굴'은 '얼꼴'이라는 말에서 나왔다고 한다. 그러면 '얼'이란 무엇인가? 정신 또는 마음의 뜻을 가진 순수 우리말이다. 바로 얼굴이 인간의 내면을 적나라하게 표출하는 역할을 하는 것이다. 그러니 좋은 인상이란 얼마나 중요한가?

우리는 얼굴에 있는 근육을 여러 형태로 움직여 다양한 표정을 만든다. 표정을 만드는 근육을 '표정근'이라고 부른다. 우리가 말할 때 혀, 입술 등과 함께 표정근도 따라 움직인다.

표정근이 굳으면 얼굴이 굳는다. 얼굴이 굳으면 입 주변의 근육 역시 부드럽지 못하다. 가끔 표정이 없는 사람을 볼 때면 우리는 흔히 '그 사람 속은 알 수가 없어'라고 이야기한다. 표정이 감정을 숨기지 못하고 그대로 드러난다는 걸 증명한다.

'표정'이란 전달하고자 하는 메시지에 진정성을 입히는 가장 강력한 도구인 셈이다. 스피치에서도 마찬가지, 자신이 이야기하며 보여주는 표정이 사람들로 하여금 말 내용에 대해 진정성을 느끼게 하고, 신뢰감을 갖게 한다. 보톡스를 과다하게 맞은 어느 방송국의 아나운서는 표정이 제대로 움직여지지 않아 맡고 있던 프로그램에서 도중하차하기도 했다.

스피치에서의 기본 표정은 미소를 띤 밝은 표정이다.

누군가와 처음 만날 때는 '최초의 3초가 사람의 첫인상을 좌우한다'는 말이 있다. 낯선 상대에게 도도하고, 건방지고, 차갑다는 인상을 받았다면 거기에 걸린 시간은 불과 3초라는 애기다. 반대의 경우 역시 마찬가지일 것이다.

부정적 첫인상의 이미지는 서로가 좋은 관계로 전환되기까지의 오랫동안 걸림돌이 될 수밖에 없다.

첫 인상을 좌우하는 요인 중에는 외형 뿐 아니라 보이스도 있다. 그리고 보이스가 대단히 중요한 역할을 한다. 녹슨 양철판을 못으로 긁는 듯한 쇳소리의 소유자의 첫인상이 좋을 리 없다. 반면 풍부한 중저음의 목소리라면 호감이 높아진다.

목소리와 인상을 좋게 만드는 방법은 의외로 간단하다.

말하기 전에 '히잇' 하고 웃어보자. 입 꼬리가 자연스럽게 올라가면서 공간이 생긴다. 공간이 생기면 그만큼 공명이 수월해진다. 그러나 입을 벌리지 못하면 큰 목소리가 나오지 않고, 단어들을 정확하게 발음할 수 없게 된다.

이때 얼굴 주위를 스트레칭 해 표정근을 부드럽게 해 주는 것이 아주 중요하다. 어색할지라도 자꾸 웃는 표정이나 미소를 지어보자.

그 다음 조음기관을 풀어주기 위해 '똑딱똑딱', '아에이오우', '푸르르르'와 같은 음절로 소리 내라. 기본연습을 세 번 정도 반복하면서 얼굴 근육을 풀어주면 한결 부드러운 목소리를 낼 수 있다.

만약 무표정에 익숙해져 있는 사람이라면, 얼굴 근육이 생각보다 부자연스러운 때문이다. '표정'은 얼굴에 있는 수십 개의 근육이 아주 미세하게 움직여서 만든다. 그렇기 때문에 얼굴 근육 풀기를 위한 준비운동을 하는 게 바람직하다.

우리가 좋아하는 가수들이 노래하는 모습을 떠올려보자. 언제나 광대승천(광대뼈가 올라가는) 하는 모습으로 노래를 부르지 않는가. 이것 역시 목소리가 공명된다.

입 꼬리를 살짝 올리고 눈에 웃음을 담아 미소를 지어보자. 웃는 얼굴을 만들면 목소리뿐 아니라 좋은 인상도 가질 수 있다.

'히잇!'

이러한 트레이닝 할 때 거울 앞에 서서 자신의 미소를 확인해 보자. 스스로는 웃고 있다고 생각하지만, 다른 사람이 봤을 땐 그렇지 않은 경우가 많기 때문이다. 웃지 않으면 음성이 답답해진다. 그런 음성은 저절로 화난 것처럼 들리게 마련이다.

나의 인상에 자신이 없는가? 누군가와 만나기 전에 '히잇!' 하고 미소를 지어보자. 훨씬 부드러운 인상, 좋은 목소리로 상대와 마주할 수 있게 된다.

수업에서 이 방법을 처음 가르쳤을 때, 시범을 보이는 내 모습에 학생들은 박장대소를 했다. 처음에는 그저 재미있다는 정도였다. 그러나 실제로 연습해 본 이후 그 효과를 실감했다며, 학생들로부터 감사의 인사를 많이 받았다.

결국 이야기를 할 때는 상황에 맞는 표정 짓기가 매우 중요하다는 것이다.

즐거운 이야기를 할 때는 밝은 표정을, 진지한 이야기를 할 때는 침착하고 차분한 표정을 지어야 한다. 표정과 메시지가 일치할 때에는 스피치의 설득력도 생긴다.

그러나 평소 내강(內剛)이 없으면 표정을 여유롭게 짓는 게 쉽지 않다. 일단 스피치가 주는 긴장감 때문에 굳은 표정이 그대로 드러나는 경우가 많다. 또 평소에 다양한 표정 연습을 해보지 않은 사람은 어쩌다 애써 지은 표정이 부자연스럽고 어색해 보이기까지 한다.

이 대목에서 흥미로운 건 본인이 생각한 표정과 상대의 느낌이 다르다는 점이다. 심지어 이야기할 때, 시작부터 마무리까지 무표정으로 일관하는 경우도 흔하다. 막강한 '표정의 힘'이란 걸 생각하면 참 안타깝다.

스피치를 시작할 때는 웃음 띤 표정으로 여유롭게 메시지를 전하자. 핵심적 이야기를 할 때는 내용에 맞는 풍부한 표정으로 메시지를 전달하자. 그리하면 내용의 의미도 정확하게 전달할 수 있게 된다. 상대방과 진심으로 소통할 수 있게 된다.

대부분의 사람들이 얼굴의 노화엔 많은 관심을 기울인다. 그러나 표정에는 거의 무관심하다. 표정은 상대에 대한 호감, 비호감을 나타내는 중요한 역할을 한다. 표정은 마음 속 감정에 따라 수시로 변한다. 좋은 인상과 목소리는 선천적이라기보다는 후천적 노력에 따라 좌우되곤 한다.

커뮤니케이션에서 큰 역할을 하는 얼굴 표정에 관심을 갖고 표정근 단련을 위한 트레이닝에 많은 노력을 기울이자. 미소를 만들 때 '행복하지~' 하면서 입 꼬리도 올리고, 얼굴 근육을 활짝 펴보자.

건전한 인간관계를 형성할 수 있는 좋은 방법이 될 것이다. 물론 긍정적인 생각과 배려심, 그리고 자신감과 자존감을 높이는 것 역시 중요하다.

표정은 마음의 거울! 속지도 않고, 속이지도 못 한다!

4. 자신의 목소리를 녹음하라

자신이 듣는 자기의 목소리, 남이 듣는 나의 목소리.

이 둘이 다른 이유는 과연 무엇일까? 바로 '귀의 위치' 때문이다.

제3자가 내 목소리를 듣는 때에는 내 성대와 입을 통해 나온 파동이 공기를 통하여 전달된 소리를 위주로 듣게 된다. 하지만 스스로 내 목소릴 들을 때는 성대를 통해 진동된 파동이 두개골을 통해 골전도로 전달된 소리가 혼합돼 들어온다. 내가 소리를 내는 동시에 머리의 진동으로 전달된 소리가 귀로 들어온다는 뜻이다. 그러므로 내 목소리를 누가 듣느냐에 따라 천양지차라는 사실이다.

전문적인 용어로 말한다면 '골도청각'과 '기도청각'의 차이다.

'골도청각'은 스스로 내는 목소리가 뼈와 본인 몸체의 진동을 통해 달팽이관으로 들어가는데 뼈라는 길을 통해 전해지는 청각이다. 골도청각은 성대음을 녹음이나 장비를 통해 듣는 게 아니요, 듣는 그대로의 소리다. 우리는 이 골도청각에 길들여져 있고, 이 목소리가 내 목소리라고 생각한다.

'기도청각'이란 무엇일까? 바로 골도청각과 반대되는 개념이다. 내가 내는 소리를 녹음이나 장비를 통해 듣거나, 다른 사람이 듣는 내 목소리다.

누구나 한 번쯤은 자신의 목소릴 녹음해서 들어본 적이 있을 것이다. 아마도 여러 형태로 들어봤을 것이다. 필자도 2018년이란 긴 세월 방송생활을 하면서 생방송이나 녹음방송을 통해 내 목소리를 숱하게 들어왔다. 늘 듣는 목소리지만 어딘지 내 목소리 같지 않을 때도 있었다. 마이크 목소리와 실제가 다르다는 얘기도 참 많이 들었다.

목소리를 녹음했을 때 실제와 다르게 들리는 건 당연한 현상이다. 녹음한 목소리는 앞에서도 언급했듯, 외부에서 귀로 들어오는 소리이고 자신이 내는 소리는 체내의 두개골을 진동시켜 전달되는 소리이기 때문이다.

평상시 자신이 듣던 목소리와 남들이 듣고 있는 목소리, 먼저 그

둘이 전혀 다르다는 걸 인식해야 한다.

　텔레마케팅을 하는 30대 남성을 목소리 코칭한 적이 있었다. 그는 전화상담 때마다 고객들에게서 '목소리가 기분 나쁘다'는 불평과 핀잔을 받곤 했단다. 그러나 본인으로선 그저 평소처럼 말했을 뿐이었다며 고충을 털어놨다.

　바로 즉석에서 녹음해 자신의 목소릴 직접 듣게 했다. 문제의 심각성을 스스로 깨닫게 했다. 그때부터 맞춤형 지도를 했고, 본인도 열심히 트레이닝을 한 결과 고민은 말끔히 해소됐다.

　또 하나의 사례, 어느 백화점 민원센터에서 근무하는 여성의 얘기다.

　그녀는 통화할 때마다 고객들로부터 '다시 한번 말씀해 주시겠어요'라는 말을 자주 들으며 스트레스를 받았다. 역시 녹음해 들려주니 자신의 약점을 인정했다. 이후 성실하게 보이스 트레이닝을 받은 건 물론이다.

　스피치 코칭을 하다 보니 각종 세미나 등에서 사람들의 가장 큰 고민은 역시 '목소리'였다.

　비즈니스를 위한 강사의 목소리가 너무 경망스러운 경우, 근엄한 자리임에도 목소리가 지나치게 가는 경우, 상담하는 사람의 목소리를 상대방 고객이 잘 알아듣지 못하는 경우…….

　이런 고민을 가진 사람들을 많이 접하다 보니 자연스레 그 사람들의 목소리를 녹음해 체크하는 습관이 생겼다. 스스로가 듣는 자신의 목소리와 달리, 녹음된 목소리는 남들에겐 실제와 같다고 할 수 있다.

많은 사람들은 자신에게 들리는 목소리와 남들에게 들리는 목소리에 차이가 있다는 걸 모른다. 중요한 건 남들에게 들리는 자신의 목소리의 단점을 파악해 개선하는 것이다. 그러기 위해 늘 자신의 목소리를 녹음해 들어봐야 한다.

필자가 학교 수업 때 학생들에게 주는 과제는 자기소개나 학과 소개를 자신의 목소리로 녹음해 보내라는 것이다. 처음엔 대개 쑥스러워하거나 부끄러워한다.

심지어는 "교수님, 제 목소리가 정말 이런가요?"라며 반문하기도 한다. 그게 자신의 진짜 목소리라는 걸 인정해야 한다. 그렇지 않으면 멋있게 개선할 기회조차 갖지 못한다.

특히 상대로부터 자주 질문을 되받고, 목소리가 상대에게 잘 전달되지 않는다고 느낀다면 '발성'이 좋지 않기 때문인 것이다. 이럴 때 역시 힘을 발휘하는 것이 녹음이다. 녹음을 분석해 문제점을 본인 스스로 파악하고 인정해야 한다.

자연의 파동을 전기적 신호로 바꿔 기록하는 녹음, 또 그걸 재생

하는 과정에서는 당연히 소리의 변형이 일어난다. 그 변화는 녹음과 재생 장치의 종류에 따라 천차만별이다. 따라서 수준급 녹음기나 전문 스튜디오를 이용하는 게 좋긴 하다. 그러나 휴대전화를 이용해도 충분히 교정이 가능하다.

녹음하는 내용은 자기소개, 하루 일과, 독후감이나 명언, 앞으로 이루고자 하는 일 등 무엇이든 좋다. 짧아도 좋고, 길어도 좋다.

①자신의 목소리를 객관적으로. 남들에게 주는 인상이 과연 어떤지를 살펴야 한다.
②어미를 분명히 말하고 있는지 파악한다.
③말의 속도는 적정한지 여부에도 신경 쓴다.
④말의 내용이 잘 전달되는지 객관적 관점에서 체크해 본다.

이러한 관점에서, 자신의 목소리 습성을 찾아내는 게 중요하다. 그 문제점을 중심으로 이 책에서 제시한 방법들로 열심히 트레이닝하면 분명 원하는 결과를 얻을 수 있을 것이다.

다시 한번 강조하지만, 평소에 자신의 목소리를 녹음하는 습관이 중요하다. 피드백도 수월해지고, 남이 듣는 내 목소리 '기도청각'도 내 귀에 익숙해질 것이다.

자신의 목소리 녹음, 요즘은 얼마나 쉬운가? 망설이고 주저하지 말고 당장 시행하라.

5. 첫 음절에서 호흡을 강하게 뱉어라

앞장에서는 복식호흡에 대한 트레이닝을 실시했다.

좋은 목소리를 내기 위해선 복식호흡이 필수조건 중 첫째다. 그걸 여러 방법으로 구사하는 노력을 해야 하며, 평소에 복식호흡으로 대화하는 습관을 갖는 게 아주 중요하다.

그러나 문제가 있다. 연습 때는 호흡이 잘 되다가도 평상시 대화 때는 금세 잊어버린다는 점이다. 방법이 있다. 대화할 때 복식호흡으로 말할 수 있는 매우 간편한 방식이다.

바로, '단어의 첫음절에서 호흡을 내뱉는 것'이다.

뉴스 앵커나 아나운서들을 잘 살펴보면 그들은 처음부터 끝까지

'톤'이 일정하다는 걸 발견할 수 있다. 보이스 트레이닝이 제대로 안 된 사람들이 듣는 이로 하여금 불편을 느끼게 한다. 이유는 다음과 같다.

글을 읽을 때는 끝 문장에서 호흡이 처진다. 의미 없는 문장에 힘이 들어간다. 편안하게 읽지 못한다.

강약을 잘 조절하는 음성이 중요하다. 저자가 방송할 때도 느끼는 거지만, 청취자들이나 시청자들이 가장 편안하게 받아들인다. 반면 처지거나, 지나치게 높은 톤의 목소리를 들으면 몹시 거북하게 여긴다.

예를 들어, 이른 아침 시간대에 방송을 진행하는 아나운서가 축 처져 맥 빠진 음성으로 방송하는 건 절대 금물이다. 그걸 듣던 청취자들이 과연 상쾌한 아침을 맞을 수 있겠는가? 심야방송 진행자가 다르다. 통통 튀는 경박한 목소리로 이야기한다면 잠자리에 든 청취자들이 편안하게 잠을 청할 수 없다. 그러므로 상황에 따라 시의적절한 목소리는 대단히 중요한 것이다.

방송에선 한 호흡으로 읽기에 벅찬 긴 문장은 반드시 끊어서 읽는다. 적절하게 끊어 읽느냐의 여부에 따라 많은 부분이 달라진다. 발음의 정확성, 발성의 자연스러움, 정감 있는 운율 등이 좌우된다.

학생들의 프레젠테이션에서 보면, 종종 다급한 마음으로 긴 문장을 한 번에 읽으려고 애쓰는 경우가 많다. 그러면 십중팔구 엉뚱한 부분에서 호흡이 딸리고 힘이 들어간다.

의도적으로 글을 많이 읽어보라. 일정한 크기의 톤으로 문장을 읽기 위해선 음절이나 단어를 의식해서 또렷하게 발성해야 한다. 이때 중요한 점은 '단어의 첫 음절에서 호흡을 뱉는 것'이다.

단어는 대부분 두 글자에서 여섯 글자로 구성돼 있다. 첫 음절에서 강하게 호흡을 뱉으면 쉽게 조절이 가능해진다. 복식호흡이 자연스러워지고, 일정한 세기의 톤으로 문장을 읽을 수 있게 된다. 단어 하나하나가 상대에게 명확하게 전달되는 목소리로 변화한다. 옹알거리거나 얼버무리거나 더듬거리지 않는 목소리가 될 수 있다.

보이스가 아름답고 정확한 아나운서의 비결이 여기에 있다. 목소리 트레이닝을 오래한 까닭에 무의식중에서도 항상 복식호흡이 가능하기 때문이다.

실제로 단어의 첫 음절에서 호흡을 내뱉는다고 상상하며 자기소개를 해보자.

"안녕하세요! 저는 워크 앤 피플 스피치 대표 공미정입니다. 잘 부탁합니다."

이야기할 때는 입에서 1센티미터 떨어진 부분에 손을 대보자. 단어의 첫 음절을 발음할 때 호흡이 느껴져야 한다. 호흡이 안 느껴지면 흉식으로 호흡을 하고 있는 것이므로 조금 더 세게 호흡을 뱉어 보자.

그 다음 문장을 읽으며 단어의 첫 음절에서 세게 뱉는 트레이닝을 해보자.

"항상 신경을 써주셔서 고맙습니다."

"제 목표는 좋은 책을 쓰는 것입니다."

"다음 시간에 또 뵙겠습니다."

"즐거운 하루 보내세요."

이 방법을 지속적으로 훈련하면 시작부터 끝까지 일정한 세기로 목소릴 낼 수 있다. 비록 자기 자신은 선뜻 변화를 못 느낀다 할지라도, 듣는 사람들에겐 큰 변화로 비칠 수 있다.

프레젠테이션이나 상담 때, 또는 자기소개나 뭔가를 발표할 때 꽤 효과적 방법이다. 또한 설득력과 신뢰감을 줄 수 있다.

말의 속도를 의도적으로 변화시키면 일반적으로 의미가 강조되거나 약해진다.

보통 말의 의미를 강조하고자 할 때는 속도를 느리게, 의미를 약하게 하고 싶을 때는 속도를 빨리 하는 게 좋다. 단, 너무 빨리 말하면 듣는 사람들에게 불안감을 주고 긴장하게 만들 수 있다.

반대로 너무 느리게 말하면 무언가 게으르고 열정이 부족하다는 인상을 줄 수 있다. 상황에 맞게 조절해서 표현하는 게 바람직한 것이다.

　음성의 높이와 세기를 '더 높이, 더 강하게' 하면 청중은 말하는 사람의 말 속에 포함된 의미나 정보가 '아주 다급한 상황의 위험한 경고'라고 생각하게 된다. 급한 정보나 공지사항을 전할 때 쉼 없이 전달하기보다는 가급적 중간에 어느 정도의 쉼을 두는 게 훨씬 효과적이다.

　우리는 흔히 말하는 어조를 '말의 가락'이라고 한다. 말의 운율적 요소를 일컫는 것으로 어조는 악센트와 억양과 깊은 연관이 있다. 어조는 음성의 세기, 길이, 높낮이뿐만 아니라, 말하는 이의 현재 심리상태 등 포괄적 분위기를 나타낸다.
　낱말의 장단음을 지키면 말의 리듬이 더욱 또렷해진다. 소리의 길이는 모음의 장단을 구별하여 발음하되, 단어의 첫 음절에서는 긴 소리가 나도록 하는 게 원칙이다. 예를 들어보자.

　밤나무[밤: 나무], 많다[만: 타], 멀리[멀: 리], 눈보라[눈: 보라], 첫눈[천눈], 참말[참말], 수많이[수: 마니], 눈멀다[눔멀다], 떠벌리다[떠벌리다]

　다만, 합성어의 경우에는 둘째 음절 이하에서도 긴 음절을 인정하다.

재삼재사[재: 삼 재: 사], 반신반의[반: 신 바: 늬/반: 신 바: 니]

용언의 단음절 어간에 어미 '-아 -어'가 결합돼 한 음절로 축약되는 경우에도 긴 소리로 발음한다.

보아-봐[봐:], 기어-겨[겨:], 되어-돼[돼:], 두어-둬[둬:], 하여-해[해:]

다만 '오아-와, 지어-져, 찌어-쩌, 치어-쳐' 등은 긴 소리로 발음하지 않는다.

소리의 강약과 고저는 쉽지 않으나 장단음은 그때그때 표시해 두고, 필요할 때마다 사전에서 확인하면 쉽게 익힐 수 있다.

말할 때 일정한 크기의 목소리를 유지하라.
상황에 따라서 그 크기를 조절하라.
단어의 첫음절에서 호흡을 내뱉어라.

이 원칙만 지킨다면, 누구나 힘 있고 영향 있는 목소리의 주인공이 될 수 있다. 노력하는 사람에게 예외란 없다.

6. 듣는 이의 마음을 얻기 위해 틈을 둬라 1

방송은 오프닝의 첫 30초가 승부를 좌우한다. 방송가에서 흔한 경우이다. 영화도, 소설도 다 마찬가지이리라. 특히 방송의 경우엔 청취자가 처음 30초를 듣고 진행자의 목소리 선호도를 가늠한다. 그때부터 진행될 방송 스타일을 파악할 수 있게 된다.

시그널이 나가고 첫 멘트를 할 때, 베테랑 진행자들도 처음인 듯 바싹 긴장하게 마련이다. 첫 30초는 청취자가 집중해서 계속 들을 것인가의 여부를 결정짓는 중요한 역할을 한다. 진행자의 입장에선 청취자의 마음을 꽉 붙잡아야 할 시각인 셈이다.

우선 말을 하기 전에 '포즈', 즉 '틈'을 두는 것이 필요하다. '포즈'는 달리 표현해 끊어 읽기, 띄어 읽기라고도 한다. 띄어 읽기의 기본 사항은 누군가가 언제, 어디서, 무엇을, 어떻게 했다던가, 무슨 일이 언제, 어디서, 어떻게 일어났다는 걸 알리는 형식의 문장이다. 그러므로 하나의 의미를 표현한 구와 절의 끝에는 일단 포즈를 둬야 한다.

그 외에는 가능하면 이어서 읽어주고, 쉬어야 할 땐 반드시 쉬어야 한다. 어절은 되도록 한 호흡으로 붙여서 읽는 게 말의 흐름 상 적절하다.

한 이야기가 끝나고 다음으로 넘어갈 때, 한 호흡 정도의 포즈를 둬라. 그리고 앞에서 했던 이야기의 끝 억양 어미에 비해 약간 올려서 읽는 게 좋다. 이렇듯 듣는 사람들에게 새로운 이야기가 시작됐음을 알려주는 것이다.

쉼 없이 이야기하는 것보다는 중간에 어느 정도의 쉼이 있을 때 훨씬 효과적인 전달이 이뤄진다.

문장을 자주 끊으면 이야기 자체가 산만하고 지루해져 내용 전달이 미흡해진다. 말하는 쪽에서는 늘 전후 문맥을 철저히 파악해 띄어 읽기를 명확히 해야 한다.

여기엔 두 가지 유형이 있다.

①숨을 쉬기 위한 포즈－온 포즈 ∨

②문자의 의미를 명확히 하기 위한 포즈-반 포즈 /

포즈의 역할은 문장과 절, 그리고 문장 성분을 구분하는 것이다. 문장 성분의 호응관계, 포즈의 앞뒤 어휘, 문장이 담고 있는 의미를 강조하는 것이다. 아울러 음성의 표현을 효과적으로 하고, 억양의 경계를 나타낸다.

포즈는 듣는 사람들 쪽에선 주변이 조용한 상태에서의 3초 정도는 길게 느껴질 수도 있다. 하지만 그 정도는 시간을 둬야 듣는 쪽도 들을 준비가 된다.

스피치에서 듣는 사람들의 집중도가 가장 높은 시간은 역시 도입부이다.

여유를 갖지 않고 곧바로 이야기를 시작하면 포인트나 임팩트를 줄 수도 없다. 오랜 시간 집중력을 유지하기 어렵게 된다.

긴장 탓에 곧바로 본론으로 들어가는 경우가 많다. 인내심이 필요하다. 프레젠테이션을 할 경우에는 우선 청중을 느긋이 둘러보라. 3초쯤 기다린 후에 천천히 이야기를 시작하는 것이 바람직하다. 이때 청중들의 집중도가 높아진다.

말하는 중간을 활용하는 '침묵'도 큰 역할을 한다. 침묵하는 시간은 청중 숫자에 따라 달리해야 한다. 10명 내외일 땐 침 한번 삼키는 만큼의 시간이면 된다. 20~30명 정도의 프레젠테이션에선 무대를 쿵하고 두드릴 정도의 간격이면 합당하다. 100명 단위의 큰 규모일 때는 쉼표나 마침표마다 2초 정도의 침묵을 갖는다. 적은 인원의 세미나나 프레젠테이션에서는 2초 정도의 침묵은 부자연스럽지만, 대규모일 땐 자연스럽게 느껴진다.

확실한 침묵과 명확한 발음의 스피치는 듣는 사람들을 사로잡고 감동을 준다. 다음과 같은 방법을 활용하면 스피치의 효과를 한층 높일 수 있다.

①포즈, 즉 말할 때 틈을 두는 것은 청중의 시선을 집중시킨다. 전달하고자 하는 메시지가 제대로 전해지도록 도우미 역할을 한다.

②단어와 단어 사이의 틈은 짧게 두고, 서론과 본론, 그리고 본론과 결론 사이의 구성단위가 커질수록 틈을 길게 두는 게 좋다.

③틈 두기는 스피치 도중 잠시 멈추는 것, 또는 잠깐 멈춤을 활용하는 것이다.

④적절한 침묵과 발음은 문장의 구와 구 사이, 절과 절 사이, 문장과 문장 사이, 또한 프레젠테이션 구성 요소들 사이에서도 확실하게 인용해야 한다.

스피치는 전달력이 생명이다. 전달력은 말의 속도에 의해 상당히 좌우된다. 말이 느리면 집중력이 흩어지고, 너무 빠르면 제대로 알아듣지 못한다.

전문가의 입장에서 경험해 본 결과 이런 경우, 1분에 약 300음절, 20문장 내외로 말하는 게 적절하다.

스피치는 서로 간의 소통이며 교감이다. 말할 때의 틈은 말하는 사람에게 정신적, 육체적, 그리고 감정적으로 안정을 주는 역할을 한다. 그리고 자연스런 틈은 편안한 스피치를 만드는 작용을 한다.

스피치에서 중시되는 포즈, 즉 '틈'은 가끔 대중에게 무시당할 때가 있다. 결국 스피치를 배우는 사람들이 그 중요성에 대해 제대로 인식하지 못하고 있다는 방증이다. 이유는 스피치에서의 틈을 두는 방법을 배운 적이 없거나, 말할 때의 틈의 효과에 대해 제대로 알지 못하기 때문이다.

말할 때 틈을 두는 것은 아이디어를 얻고, 긴장을 유지하고, 화자의 말에 귀를 기울이게 하는 효과도 있다. 포즈는 듣는 사람들 뿐 아니라 말하는 사람의 호흡도 고르게 해준다. 듣는 사람에게 생각할 기회와 함께 긴장감도 준다.

문어체 형식의 글을 보면 쉼표, 마침표 같은 구두점이나 굵은 체, 흘림체, 강조점 등 여러 형태를 보여주면서 그 내용을 이해하게 한다. 반면, 스피치에서는 포즈와 같은 틈을 주면서 청중이 말하는 사람의 이야기를 잘 이해하도록 한다.

포즈, 즉 틈은 말하는 메시지를 구조화시켜 주고, 스피치 내용을 이해하는 데 도움을 준다. 또 스피치의 수준마저 격상시키는 장점이 있다.

스피치에서 틈은 바로 '금 같은 침묵'이다. 그렇다. 틈, 누구나 배우고 익히면 '틈'은 '금'이 된다.

7. 듣는 이의 마음을 얻기 위해 틈을 둬라 2

- 모든 사람에게 너의 귀를 주어라. 그러나 목소리는 몇 사람에게만 줘라.
- 말을 할 때는 이미 자신이 알고 있는 것만 말하라. 들을 땐 남들이 알고 있는 걸 배우도록 하라.
- 무슨 이야기를 하기 전에 생각할 여유가 있거든, 그게 말할 만한 가치나 필요가 있는가의 여부를 먼저 생각하라.

차례대로 셰익스피어, 루이스 맨스, 앙드레 드 레니의 말이다. 명언이든 속담이든 말에 관한 것들이 많다. 그만큼 말이 인간의 삶에 밀접하다는 방증이리라.

어렸을 때 어른들로부터 '가는 말이 고와야 오는 말이 곱다'는 말을 자주 듣곤 했다. 그런데 요즘은 '가는 말이 고우면 사람을 얕본다'라나? 세상이 참 많이 변했음을 실감하게 된다. 조금은 서글퍼지는 현실이다.

친한 친구가 있었다. 마음씨도 좋고, 성격도 좋은 편인 친구다.

그러나 한 가지 흠은 자기가 어쩌다 듣게 된 말들을 남에게 잘 옮긴다는 것이다. 자신의 발설이 어떤 결과를 가져올지에 대해선 전혀 경계하지 않는다. 심지어는 그녀의 말이 여기저기 옮겨지면서 이야기 속 당사자는 부부싸움 끝에 이혼까지 고려했던 경우도 있었다.

어느 날, 필자와 마주한 자리에서 소문의 근원이 왜 자기냐면서 본인의 말을 전달한 것으로 짐작하는 사람들에 대해 험담과 함께 흥분을 감추지 못했다. 그때까진 둘이 한 번도 다툼이 없었다. 나는 처음으로 말의 중요성에 대해, 그리고 듣기 거북한 소리로 충고했다. 결국 우리 둘 사이도 자연스레 소원해졌다.

사람에겐 기본적인 인격과 함께 때와 장소에 따른 품격이 있고, 말에도 품격이 있다. 생각이 깊으면 말의 격도 높아지고, 설득력도 강해진다.

때로는 마치 속사포처럼 쉴 새 없이 말을 쏟아내는 사람들이 있다. 말하는 사람은 물론 숨차겠지만, 듣는 사람들도 힘겹다. 생각은 넘치고, 그 넘치는 생각을 말이 따라가자니 자연히 말이 급해지는 것이겠다. 그러나 효율적이지 않은 건 사실이다.

말의 속도는 상대에 대한 배려에서 비롯된다. 말이 빠르다는 건 결국 듣는 사람들을 전혀 배려하지 않는다는 것이다.

프레젠테이션이나 강의에서 빠르게 하는 말은 이해가 잘 안 되기에 자칫 듣는 사람들을 혼란스럽게 한다. 말은 전달 속도가 중요한데, 자신이 말을 빠르게 하는지조차 모른다. 더욱이 반대 성향의 사람을 답답하다고 평가하기도 한다.

대체적으로 말을 빨리하는 사람들은 뭐든 '빠른' 경향이 있다. 성질이 급하다 보니 먹는 것도 빠르고, 걷는 것도 빠르다. 극장에선 영화가 끝나는 기미만 있으면 일어나 나가기 바쁘다. 앤딩 크레딧을 봐야 출연 배우가 누군지도 알고 감독도 알 수 있는 건데, 그토록 바쁘면서 극장엔 왜들 가는 건지?

'빨리 빨리' 국민성이 장단점이 있다지만, 말이 빠른 건 오직 단점만 두드러질 뿐이다.

빠른 말투는 상대방에겐 불친절로 받아들여질 수 있으니 늘 주의해야 한다. 말에 '쉼'이 없으면 상대를 불안하게 만든다. 성격마저 결함이 있는 듯 비친다. 특히 말의 의미가 제대로 전달되지 않아 듣는 사람들이 되묻는 경우도 자주 생긴다.

말에 쉼을 두는 것도 훈련이요, 노력이다. 주위를 살펴보라. 말이 빠른 사람들은 대부분 이러한 훈련도 안 된 경우이고, 아예 관심조차 없기도 하다. 이런 이들은 자연스럽게 한번 뱉으면 주워 담을 수 없는 말의 실수를 되풀이하게 마련이다.

그러면 빠른 말투를 고치는 방법은 과연 있을까? 있다면 무엇일까?

①항상 단어의 첫 음절을 강하게 내뱉는다.
②자신이 말을 빠르게 한다는 걸 스스로 깨닫는다.
③구두점에서 호흡을 천천히 뱉으면서 시간적 여유를 갖는다.
④말을 할 땐 평소 보다 천천히 호흡한다.

이러한 방법만 실천해도 말의 속도를 크게 개선할 수 있다.

말의 형식을 잘 이해하고, 지속적으로 훈련해야 진정한 의미의 내 언어가 탄생한다. 말은 누구나 다 하는 거지만, 트레이닝이 되지 않아 '날 것'인 채 그대로인 경우의 사람들이 참 많다. 그래서 말의 형식을 깨우치면 자신의 개성을 드러낼 수 있는 장점이 되는 것이다.

말을 정확하게 하고, 효율적 소통을 위해선 최소한의 형식과 요소를 반드시 숙지해야만 한다. 그러기 위해선 국어 교과서나 시, 소설 같은 문학작품의 구절들을 활용하는 방법도 있다.

불특정 다수를 향해 말할 때, 말의 속도는 한층 중요해진다. 협상의 자리라면 더더욱 그렇다. 상대로 하여금 말의 속도로 불안함을 느끼게 하므로 협상에서 우위를 차지할 수 없다.

말의 속도를 늦춰라. 그러면 앞에 있는 단 한 사람에게만 집중한 채 정중하게 말하고 있는 느낌을 준다. 듣는 사람은 그 말에 공감하고 감동하게 된다.

상대방을 떠올리며 연애편지를 쓰듯 그렇게 써라.

좋은 글을 쓰기 위한 자세이다. 스피치 역시 마찬가지다.

예일 대학교 연구진에 따르면, 설득력 있는 단어 중 가장 상위권을 차지한 게 바로 'you', 우리말로 '당신, 여러분'이라고 한다. 이 단어는 스피치 분야를 가장 중시하는 정치인들도 아주 선호하고 있다.

제리 와이즈먼의 『통하는 프레젠테이션』이라는 책을 인상 깊게 읽은 적이 있다. 한 구절을 소개하면 다음과 같다.

"여러분, 설득력 있는 말을 하고 싶다면 트레이닝을 통해 목소리를 가꾸며, 적극적으로 '여러분'을 사용하고, 말에 포즈를 두세요."

그렇다. '영향력 있는 스피치'란, 상대방에게만 집중하고 있다는 것을 느끼게 하는 것이다. 말의 속도에 그 해답이 있다.

8. 확실하게 발음하려면 단어를 끊어라

강의하면서 학생들에게 발표와 발음 연습을 시키곤 한다. 발음 부분에서 오류를 범하는 학생들이 의외로 많다. 한 학생은 다른 발음은 무난한 편이었다. 유난히 'ㅅ' 발음이 잘 안 됐다.

'발음'에도 분명 트라우마가 있다. 자신이 특정한 발음에 대해 약하다는 생각을 떨쳐버리지 못하면 노력해도 잘 고쳐지지 않는다. 그발음 앞에선 늘 멈칫하는 경향을 보이곤 한다.

사실 소리만 잘 낸다고 의사소통이 무난한 건 아니다. 프레젠테이션의 내용은 꽤 훌륭하나 막상 발표 때 내용이 의도대로 잘 전달되지 않아 애를 먹는 경우를 많이 보게 된다. 바로 사투리 때문이었다. 수업시간에 만나는 학생들이 고민스러워하는 부분도 바로 지방 사투리였다. 교정하려고 이런저런 노력들을 한다지만, 생각대로 되질 않는다고 했다.

방법상 문제가 있기 때문이다. 즉, 원초적 발음 교정보다는 말을 느리게 하거나 또박또박 끊어가며 읽는 법에만 신경을 쓰다 보니, 악순환이 계속되는 것이었다.

사투리를 쓰는 사람들이 표준어를 구사하려 할 때 자칫 어색하게 들리는 이유는 뭘까? 의도적으로 말을 느리게 하면서 어미를 내리려고 하기 때문이다. 속도로 해결될 문제가 아니다. 결론은 발음 부분을 기초부터 단단하게 다져야 한다. 그게 가장 중요한 해결책이다.

스피치에서의 '발음'이란 무엇인가?

호흡을 조절하는 횡격막과 폐, 목소리를 만들어내는 데 사용되는 성대, 그리고 목소릴 고르게 하는 조음기관(입술, 혀, 치아, 인두, 비강 등)을 일정한 규칙에 따라 자극해 음성언어(낱말, 문장 등)를 소리로 표출하는 소릿값이라 할 수 있다.

확실한 발음을 위해선 조음기관의 움직임이 원활해야만 한다.

가끔 방송에서 기자들이 추운 겨울의 야외나 태풍의 현장에서 리포팅할 때는 입이 얼거나 강한 바람에 밀려 발음이 제대로 안 되는 경우를 보게 된다. 본인들은 몸이 고생, 시청자들은 귀가 고생이다.

조음기관이 원활하게 움직이지 않으면 당연히 발음이 원하는 대로 이뤄지지 않는다. 면접이나 발표 때 발음이 부드럽지 못하거나 엉켜서 원치 않는 실수를 하기도 한다.

우리말은 19개 자음과 21개 모음이 조합돼 단어가 만들어진다. 자음은 모음의 도움을 받아 소리를 낸다. 그리고 각 단어마다의 고저장단이 자연스럽게 말의 리듬을 만들어낸다.

스피치에서는 발음의 최소 단위인 모음과 자음을 잘 활용해야 한다. 모음과 자음의 결합인 낱말을 정확하게 발음하는 게 중요하다.

낱말로 구성된 문장이나 긴 단락의 글을 또박또박 말하는 것 역시 매우 중요하다. 그리고 반드시 표준어를 써야 한다. 표준어는 원활한 의사소통을 위한 격조를 지녔기 때문이다.

TV 뉴스 프로그램에서 앵커나 아나운서가 뉴스를 진행할 때 시종일정한 강도로 톤을 유지한다.

반면, 보이스 트레이닝을 하지 않은 사람이 읽기(reading)를 하면 단박에 문제점이 드러난다. 끝 문장에서 호흡이 약해지는 등 안정적이지 못하다. 긴 문장을 한꺼번에 읽으려 하면서 엉뚱한 부분에 발음의 강도로 높여 강조하게 된다.

단어는 대부분 두 글자 내지 여섯 글자로 돼 있다. 단어 하나하나를 확실하게 끊어서 읽으면 자연스레 복식호흡도 되고, 일정한 세기로 문장을 읽게 된다. 자연히 화자의 말은 상대방에게 잘 들리게 되니 의도한 메시지는 명확하게 전달될 수 있을 것이다.

목소리가 아름답고 매력적인 사람들을 살펴보라. 그들은 항상 무의식중에도 발성을 실천하고 있다.

먼저 조음기관의 근육을 풀어주는 연습이 필요하다.

①얼굴의 양 볼에 바람을 넣고, 최대한 불룩하게 만든다. 그런 다음 '후후후' 바람을 뺀다. 이때 위, 아래의 입술이 떨리는 걸 느끼게 된다.
②혀를 입 밖으로 길게 내밀었다가 다시 입 안으로 깊게 넣는 연습을 한다. 처음엔 느리게, 그리고 점차 속도를 빠르게 하면서 반복한다.
③혀를 입천장에 붙였다가 아래로 팅기면서 '똑딱똑딱' 소리를 반복하는 훈련을 한다.

발음할 때 기억할 건 항상 입을 크게 벌리려 노력하라. 앞니를 드러내면서 발음하는 것이다.

한 글자 한 글자를 천천히 정확하게 발음한다. 거울에 비친 입 모양을 주시하면서 연습하면 더욱 효과적이다.

단어를 끊어가며 확실하게 발음하면 말의 정확도도 높아진다. 어려운 발음도 더듬지 않고 무난히 할 수 있게 된다.

다음 문장을 한 번에 읽으려 하지 말고 끊어가며 읽어보자.

①5시에 / 다시 / 전화를 / 걸도록 / 하겠습니다.
②참신한 / 아이디어를 / 주셔서 / 정말 / 고맙습니다.
③내일은 / 아주 / 자세히 / 이야기해 / 드리겠습니다.
④이번 / 행사엔 / 부디 / 저도 / 참여시켜 / 주셨으면 / 합니다.
⑤이번엔 / 저 / 역시 / 힘껏 / 협조하겠습니다.
⑥좋은 / 영화를 / 한 편 / 보고나면 / 기분이 / 맑아집니다.
⑦음악은 / 언제나 / 우리들 / 생활의 / 활력소가 / 됩니다.

위의 예문처럼 '/'의 부분에서 확실하게 끊어서 발음하면 더듬지 않게 된다.

자연스럽게 발음할 수 있게 되니 자신의 말에 대해 자신감이 생긴다. 상대방에겐 깊은 신뢰감을 주게 된다. 일석이조, 잊지 말고 꾸준히 연습하자.

누구라도 발성과 발음은 자신이 자라온 환경이 중요한 역할을 한다. 부모나 여타 가족들과 유사한 발성을 하게 되고, 자연히 태어난 지역의 언어를 쓰게 된다. 그러나 아무리 선천적인 것이라 해도 얼마든지 고칠 수 있다.

그건 마음먹기에 달린 것이요, 노력 여하에 좌우되는 대목이기에 포기하면 안 된다.

유엔(UN)에선 미래의 인재상으로 '말하기' 능력, '글쓰기' 능력, 그리고 '문제 해결'의 능력이 탁월한 사람을 꼽은 바 있다.

'호흡, 발성, 발음'은 스피치의 기본, 꾸준한 훈련으로 터득하자.

'메시지'는 '목소리'로 전달한다는 것, 잊지 말고 기억하자.

chapter 4.

스피치 테크닉

1. 앵무새 화법 -리플렉팅

'말을 잘 한다'는 건 '남의 말을 잘 듣는 것'이라는 말이 있다. 그건 남의 말을 잘 듣는(들으려는) 게 어렵다는 증거이다. 이유가 무엇일까. 자신이 말하는 게 더 즐겁기 때문이다.

급격한 산업화, 도시화, 그리고 경쟁의 가속화로 인한 심한 스트레스 속에서 적절한 대화법을 찾지 못하는 사람들이 늘어가고 있다. 소통이 중요함을 인식하면서도, 실상은 불통의 시대를 살고 있는 셈이다.

이 때문에 올바르고 효과적인 '화법'에 대한 관심도 나날이 높아지고 있다. 소통의 묘미를 살릴 수 있는 화법을 위해 여러 방법들이 등장하고 있다.

'앵무새 화법'이란 걸 들어본 적이 있는가? 상대가 한 말을 마치 앵무새처럼 그대로 따라 하는 화법을 일컫는다. 다시 말해, 누군가와 소통하고 있을 때 내가 경청하고 있다는 사실을 알려주기 위해 상대방의 말을 그대로 다시 언급하는 것이다. 상대방이 자연스럽게 나에게 믿음과 친근감을 느끼게 하는 화법이다.

살다 보면 말한 게 어딘지 찜찜할 때가 있다. 사과를 하고 싶어 직접 대면했는데, 설명이나 해명이 잘 안 돼 기분이 개운치 못했던 경험은 누구에게나 있을 것이다. 그러한 사과의 현장에서 앵무새 화법은 아주 강력한 힘을 발휘한다.

실례를 들어보자. 피차 대응이 까다로운 상황에서의 통화다.

A: 여보세요, 그 상점에서 빵을 샀는데, 빵이 상했어요.

B: 네? 무슨 말씀인지요?

A: 거기서 빵을 샀는데, 빵이 상했다구요.

B: 아, 네. 죄송합니다. 언제 구매하신 거죠?

A: 그저께 샀는데, 먹고 나서 배탈이 났어요. 어떻게 된 거죠?

B: 정말 죄송합니다. 배탈은 좀 어떠신지요?

A: 지금은 좀 나았지만, 먹었을 땐 너무 아팠어요.

B: 아, 네. 그런데 고객님 상황을 정확히 모르면 저희도 좀 난처 해서요.

A: 뭐라구요? 난처한 건 바로 저라구요.

B: 네. 그 부분은 정말 죄송하게 생각합니다.

A: 죄송한 생각이 다가 아니라, 어떻게 된 상황인 지 묻는 겁니다.

B: 아, 그게 어찌된 상황인 지 파악이 어려워 저희도 뭐라고 드릴 말씀이 없네요.

A: 이보세요. 그럼 아무런 대책도 없다는 말씀이세요?

점점 분위기가 험악해진다.

동일한 상황에서 '앵무새 화법', 즉 '리플렉팅 화법'을 인용해 본다.

A: 여보세요. 그 상점에서 빵을 샀는데, 빵이 상했어요.

B: 빵이 상했다구요? 무슨 말씀이신지?

A: 그곳에서 빵을 샀는데, 빵이 상했다구요.

B: 저희 매장에서 산 빵이 상했다는 말씀이시죠?

A: 그저께 샀는데요, 먹고 나서 배탈이 났어요. 어떻게 된 거죠?

B: 아, 배탈이 나셨군요. 정말 미안합니다. 탈난 건 좀 어떠신지요?

A: 지금은 좀 나아졌지만, 너무 고생했어요.

B: 정말 고생하셨겠네요. 힘들게 해드려서 정말 미안합니다.

A: 지금은 이렇게 통화라도 할 수 있지만, 어제까진 그냥 누워만

있었어요.

B: 아, 어제까지요? 누워만 계셨다니 정말 죄송스럽게 생각합니다.

A: 죄송한 건 그렇다 치고, 대체 뭔 일인지요?

B: 바로 찾아뵙고 싶은데, 시간을 좀 내주실 수 있겠는지요?

주위엔 이런 사례들이 적지 않다. 앞과 뒤의 경우에 분위기가 전혀 다르다는 걸 확실하게 느낄 수 있을 것이다.

뒤의 대화는 특별한 어휘가 사용된 건 아니다. 답변을 할 때마다 상대방이 했던 말들 중 특정 단어나 표현을 반복하고 있다. 불쾌감이나 위화감이 전혀 느껴지지 않는다. 상대방이 사용한 어휘를 반복해 사용함으로써 확인되지 않은 일방적인 주장에 대해서도 부드럽게 대처하고 있는 것을 알 수 있다.

상대방이 했던 말이나 단어를 그대로 따라 하면 나의 언어 표현을 크게 고심하지 않아도 된다. 또한 상대방이 직접 한 말이기에 반발심이 생길 리도 거의 없다.

다시 말해 리스크는 적고, 매우 편리하고 유용한 방법이라는 것이다.

'앵무새 화법'은 언어가 다소 미숙할 때 누구나 사용할 수 있다. 초기 단계에서 정보가 적고 상대가 누군지 잘 모를 때, 특히 강력하고 편리한 수단이 될 수 있다.

사실 가장 대응하기 힘든 상황은, 화가 난 말을 하면서도 감정을 억제하는 사람이다. 그러나 정신 바짝 차리고 경청하다 보면, 말 속에 감정이 내재돼 있다는 걸 알아차릴 수 있다.

단어나 어휘가 아니라, 억양, 목소리 톤, 말의 속도에 감정이 묻어나는 경우가 많다. 아무런 감정이 없이 대화하는 사람은 극히 드물다는 걸 기억할 필요가 있다.

우리는 비즈니스 현장이나 회의석상에서 자신감이 없어 아무 말도 못 한 채 앉아 있기만 할 때가 많다. 그러나 누구나 한 번쯤은 발언을 해야 할 때가 반드시 생긴다. 게다가 그것이 자신에 대한 평가로 이어질 수 있는 상황이라도 된다면 더욱 난감한 상황이다.

이런 경우 유용하게 활용할 수 있는 게 바로 '앵무새 화법'이다. 무리해서 이야기의 주도권을 잡지 않아도 되기에 아주 쉬운 화법이다.

내가 같은 말을 계속 반복하면 상대는 자신이 한 말의 의미를 또 설명해야 한다. 그러기에 이 과정이 되풀이되는 동안 상대방의 말을 진심으로 듣게 될 가능성이 높아지게 된다.

'앵무새 화법'은 아이들 교육에도 유익하게 사용된다.

아이가 "아유, 짜증나." 하면, 부모는 "그래, 짜증났구나." 하며 앵무새가 돼야 한다. 자녀의 감정 표현을 그대로 되받아 닫아버린 아이의 마음을 열어주고 대화의 물꼬를 튼 사례도 많다.

　사람은 이성적 조언보다 감성적 표현에 더 많이 반응한다. 그러므로 상대에게 상황에 공감하는 앵무새 화법은 간단하면서도 놀라운 효과를 지니고 있다. 공감의 표현이 더 효과적이라는 것이다.

　불통의 시대. 앵무새 화법을 익혀 소통의 장으로 나아가자.

2. '쿠션멘트' 사용하기

우리는 일상 속에서 어느 사안에 대해 상대방에게 의견을 구하는 경우가 많다.

불가피하게 다른 사람의 부탁을 거절하거나, 잘못에 대해 지적할 경우도 자주 생긴다. 상대가 윗사람이거나 업무상 중요한 인사일 때, 또 개인적으로 가볍게 대할 수 없는 상대일 때는 함부로 말하기가 참 어려울 수밖에 없다.

이런 경우에 어떤 어휘나 목소리, 또 어떤 말투를 쓰는 게 합당할까? '아' 다르고, '어' 다르다는 말도 있지 않은가.

바로 이러한 난처한 경우에 위력을 발휘하는 것이 있다.

쿠션멘트.

일반적으로 어색한 분위기를 부드럽게 바꿀 때 사용하는 것이다. 또한 상대방으로부터 들어주기 어려운 부탁을 받았을 때, 예의 바르고 정중하게 거절할 때 쓰는 단어를 일컫는다.

남들과 이야기를 하다보면, 의도와는 달리 상대방에게 마음의 상처를 입히는 경우가 종종 생긴다. 말하는 사람은 재미있으라고, 또 분위기를 즐겁게 띄우기 위해서였다곤 한다. 그러나 특정인에 대한 지나친 언행이나 농담은 당사자에게 의외의 타격을 줄 수 있다. 그럴 땐 분위기가 갑자기 남극처럼 싸늘해지기 일쑤다.

그 결과는 어떻게 될까? 냉랭한 분위기가 되면서 자칫 언사가 험악하게 돌변하는 지경으로 치닫기까지 한다. 의도와는 정반대의 현상이 벌어진다는 말이다.

쿠션멘트는 언사를 부드럽게 만들어주는 역할을 한다. 위에서 말했듯 어색한 분위기를 전환시킬 때, 또 어려운 질문이나 부탁을 받았을 때 활용하면 안성맞춤이요, 효과만점이다.

'쿠션' 하면 연상되는 게 뭘까? 바로 포근함, 편안함, 아늑함이다. 대화할 때 역시 그런 느낌을 주고 받게 된다면 더 바랄 게 뭐가 있겠나? 하고자 하는 말을 전반적으로 부드럽고 거부감 없게 해주는 역할의 정체, 그것을 한 마디로 '쿠션멘트'라고 정의할 수 있다.

우리가 흔히 쓸 수 있는 쿠션멘트의 실례를 살펴보자.

① 대단히 죄송합니다만

② 한 번 더 말씀해 주실 수 있을까요?

③ 실례가 될지도 모르겠습니다만

④ 제가 착각한 거라면 정말 죄송합니다.

⑤ 그건 자세히 말씀드리기가 좀 어려운 것이라서

⑥ 이런 말씀 드려도 될지 모르겠습니다만

⑦ 용기를 내서 말씀 드린다면

⑧ 번거로우시겠지만, 다시 한 번 방문해 주실 수 있을까요?

⑨ 조금만 더 기다려주십시오. 되도록 빨리 처리해 드리겠습니다.

⑩ 그렇게만 해 주신다면 정말 감사합니다만

⑪ 지금 괜찮으시면 잠깐 시간 좀 내주실 수 있을까요?

⑫ 늘 신세를 집니다만, 또 부담을 드리게 됐군요.

이런 말들을 먼저 꺼낸 후 본론으로 들어간다. 분위기가 한결 부드러워질 건 불 보듯 훤하다. 같은 말이라도 말투는 부드럽게, 진정성 있게 하는 게 핵심이다.

쿠션멘트는 정중하고 예의 있는 말을 감칠맛 나고 부드럽게 전달하는 것이므로 본인의 인격을 크게 돋보이게 하는 역할을 한다. 또한 자신이 속한 조직의 이미지 제고에도 적잖게 기여한다.

　조직 내에서는 아랫사람이나 후배들을 교육시키거나 지도해야 할 때가 있다. 그러다 보면 당연히 주의를 주게 되거나 꾸중을 하게 되는 경우가 생긴다. 그럴 땐 어떻게 하는 게 좋을까? 활용해 볼만한 방법이 있다.

　①말투는 되도록 온화하게 한다.
　②상대방을 인격적으로 무시하거나 폄하하지 않는다.
　③대수롭지 않은 일에 발끈하지 않는다.
　④무엇이 미흡한 지를 성의껏 일깨워준다.
　⑤앞으로 어떻게 할 것인가를 함께 생각한다.

　욱하는 마음에서 갑자기 소릴 지르거나 흥분해선 안 된다. 말투는 단호하게, 그러나 항상 부드럽고 차분함을 유지해야 한다. 쿠션멘트를 통해 바람직한 결과를 얻을 것이다.

　상황에 따른, 누구에게나 적용되는 쿠션멘트를 살펴보자.

　•말하기 어려울 때: '용기를 내서 말씀 올리겠습니다'. '고민을 참 많이

했는데, 이런 말씀 드려도 될지 모르겠습니다만'
- 상대방을 배려해야 할 때: '피곤하시겠지만', '바쁘시겠지만', '송구스럽지만', '귀찮으시겠지만'
- 부탁할 때: '죄송합니다만 이것 좀', '잠깐만 실례해도 될까요?'

또한 상대방의 우위에서 말하지 말고, 상대방의 이름을 정감 있게 불러주는 것도 좋은 방법 중 하나다.

이야기하며 상대를 비하하는 건 금물. 지적할 게 있을 땐 반드시 펙트에 근거해야 한다. 말은 장황하기 보다는 간결한 게 좋다. 그리고 마무리로는 문제의 해결 방법을 진지하게 함께 생각하고, 열린 결말을 도출해야 한다.

처음부터 마무리 단계까지의 분위기를 밝게 하면, 상대는 자신이 받은 지적에 대해서도 수긍하게 되고 그다지 상심하지 않게 된다.

대화 때에는 일방통행보다는 상대 의견을 경청하는 게 중요하다. 오죽하면 '말을 잘 한다는 건 남의 말을 잘 듣는 것'이란 말도 있잖은가.

요즘은 방송에서도 불특정 청취자들을 상대로 일방적으로 말하고, 마음 내키는 대로 음악을 틀지 않는다. 실시간으로 청취자들과 문자 소통을 해가면서 방송을 진행하는 게 대세다. 훨씬 더 생동감이 있고, 훨씬 더 진정성이 느껴지는 건 두 말할 나위없지 않겠나.

사람은 누구나 남에게서 인정받고 싶어 하는 욕구본능이 있다. 만나고 헤어지며 반갑게 인사하기, 예의 바르게 이름 불러주기, 매사에 격려해 주기, 또 덕담과 미소 등은 상대에게 무시할 수 없는 긍정적 영향을 준다.

이런 행동들은 자신에겐 더 큰 긍정적 에너지로 되돌아온다. 가족, 친구, 지인들에 대한 언행은 바로 자신의 품격과 품위를 잴 수 있는 저울이 되는 것이다. 그 중요성은 아무리 강조해도 지나침이 없을 것이다.

쿠션단어를 사용할 땐 중간 중간마다 '침묵'도 중요하다. 침묵하는 동안 상대는 자신이 들은 말을 이해하려는 시도를 한다. 평소 자신의 말에 대해 남들이 자주 오해하거나, 그로 인해 트러블이 잦은 사람은 쿠션멘트를 잘 활용하도록 하는 게 꼭 필요하다.

누군들 한 세상 살면서 껄끄러운 인간관계를 바라겠나.

한층 부드럽고 성숙된 인간관계! 그 첩경은 '쿠션멘트'다!

3. NG 단어

흔히 사람들에게 '평소에 뭣을 잘하고 싶으냐?'고 물으면 많은 사람들은 '말을 유창하게 잘하고 싶다'라고 대답한다.

사실 자기 내면의 생각을 말로 바꿔 표현한다는 건 그리 쉽지 않다. 아니, 대단히 어려운 일에 속한다.

생각의 디테일을 제대로 된 말로 표현하려면 이 역시 꾸준한 연습이 필요하다. 말은 실제로 사람의 여러 가지 행동 중 하나이고, 모든 행동의 근원에는 그 사람의 생각이나 동기가 존재한다.

여기서 가장 중요한 핵심은 스스로의 마음과 생각을 잘 파악하는 것이다.

파악된 내용을 잘 전달하는 데에 필요한 조건은 결코 격식이나 정돈이나 윤기가 아니라는 걸 인식해야 한다. 사람들의 마음을 움직이는 말은 말하는 사람의 진정성과 가치관, 또 살아오면서 쌓은 지혜와 경륜이 어우러진 그윽한 향기가 있는 말이다.

평소 '보이스 이미지와 스피치 스킬'을 강의할 때마다 느끼는 점 하나. 누구나 말에 대한 욕구, 그리고 말을 잘하는 사람에 대한 부러움과 로망이 강하다는 것이다.

자연스럽게 습득하는 게 '말'이라고는 하지만, 하면 할수록 오묘하고 어렵다. 특히 말로써 누군가를 설득시킨다는 건 매우 힘겹다.

TV 프로그램의 사회를 하다가 라디오 진행으로 옮겼을 때의 일이다.

TV에서는 말을 하면서 손동작 등 이런저런 제스처를 활용할 수 있다. 말하는 '틈'이라는 게 생겨도 시각적으로 커버가 가능하다. 반면, 라디오는 오로지 음성만으로 청취자에게 다가가야 하기 때문에 숨소리, 침 삼키는 소리 등 말할 때 생기는 틈에 대해 무척 신경을 써야 한다.

특히 방송하는 사람들 사이에서 흔히 쓰는 비속어 중 하나인 '마'(말이 이어지지 못하면서 생기는 공백)가 뜨면 바로 방송 사고로 이어지기도 한다. 그래서 TV에선 화려한 제스처와 입담을 자랑하는 아나운서나 MC들 중에도 라디오 프로그램을 진행할 땐 자주 실수를 하는 경향도 있다.

　친하게 지내는 유명한 앵커 한 분에게서 직접 들은 에피소드 하나.
　라디오 시사 프로그램을 진행할 때, 착용하고 있던 브로치가 스튜디오 바닥에 떨어지면서 큰 소리로 울렸던 모양이다. 방송국에서 쓰는 마이크이니 성능이 얼마나 좋았겠나. 조그만 잡음까지도 크게 들리게 하는 게 장점(?)이랄까?
　순간 당황했다. 그러나 재치를 발휘에 실수를 애교로 바꿔놓았다.
　"지금 들린 소리에 놀라셨나요? 라디오라 청취자들껜 보이지 않는다는 걸 알지만 그래도 예쁘게 보이고 싶어 꽂고 나온 브로치가 그만 책상 밑으로 떨어지며 잡음을 냈습니다. 사과의 말씀 드립니다."
　초보자에게선 기대할 수 없을 만한 재치요, 바로 연륜에서 나온 위기 대처 능력이었다.

　필자 역시 방송 진행할 때의 에피소드를 소개해 보겠다.
　한 순간 '병아리'라는 단어가 떠오르지 않아 '새끼 닭'이라고 멘트한 적이 있었다. 또 프로그램 말미에 고지해야 하는 프로듀서 이름을 깜빡해 "PD 이름은 내일 말씀 드리겠습니다."라고 한 적도 있다.
　방송에선 1, 2초만 틈이 생겨도 사고로 간주되기에 어떤 해프닝에도 대처할 수 있을 만한 풍부한 어휘력이 필수다.

방송 초기엔 전문 모니터들로부터 심심찮게 지적받은 대목이 있다.

바로 'NG 단어'다. 'NG'란 'No Good'의 약자 아닌가. 방송할 때 가장 고치기 힘든 부분이 자신은 모르고 쓰는 NG 단어다.

매일 실시간 생방송을 했기에 준비된 원고 이외에 '애드리브'가 많을 수밖에 없었는데, 문제는 여기서 발단됐던 것이다.

말할 때 자신이 없거나 틈이 생길 때 마다 자연히 '아~', '어~', '그~'를 남발했던 것이다. 내 나름으론 고쳐보려고 부단한 노력을 했건만, 끝난 후 녹음된 걸 들어보면 마치 단골손님처럼 튀어나오곤 하던 게 바로 NG 단어였다.

아무리 말을 잘해도 NG 단어가 습관적이 되면 비전문가처럼 어설퍼 보이게 마련이다. 듣는 입장에선 당연히 귀에 거슬린다.

이야기를 하면서 도입부에 '아~' 등으로 3초 이상 말을 늘어뜨리는 사람도 있다. 본론으로 들어가면서 '아~, 어~, 그~'를 사용하는 횟수가 점점 늘어나는 사람도 있다. 특히 성격이 급한 사람은 거기에 말이 빨라지기까지 하니 더욱 귀에 거슬린다.

그렇다면 그 습관은 어떻게 해야 고칠 수 있을까? 첫술에 배부를 수 없듯 끊임없이 노력하는 수밖엔 없다.

사실 스피치 할 때는 제아무리 준비를 많이 했다 해도 누구든 긴장하기 마련이다. 이럴 때 자주 나오는 말이 '아~, 어~, 그~'와 같은 불필요한 말이다.

문제는 일상에서 아무 생각 없이 그런 말들을 많이 사용한다는 점이다.

▎ 나쁜 예

- '아~'. 오늘 여러분께 전할 말씀은 이것입니다.
- '어~'. 폭염으로 인해 전국이 몸살을 앓고 있습니다.
- '그~'. 필요한 대목은 암기나 메모를 해 기억해 주세요.

사실 말을 하다보면 무의식중에 쓸 수는 있다. 그러나 NG 단어를 습관적으로 반복하면 상대방에겐 부정적으로 비치게 된다.

'자기 말에 자신이 없는 거 아냐?'

'이 사람 말을 어디까지 믿어야 한담?'

'왜 저렇게 횡설수설하지?'

이러한 신뢰감 없는 인상을 주게 된다.

수업 시간에는 학생들에게서도 자주 보게 되는 현상이다. 발표를 시켰을 때 유난히 NG 단어를 많이 쓰는 학생들이 있다. 아주 훌륭한 프레젠테이션이라 해도 발표자가 NG 단어를 남발하면 청중들의 신뢰감은 떨어진다. 다시 말하지만, 'NG'란 'No Good'이다. 그러니 쓰지 말아야 하는 것이다.

학생들의 호소 중에는 그걸 의식적으로 고치려 해도 당황하면 더욱 안 된다는 것이다. 이럴 때 권하는 방법이 있다.

한 구절을 말한 다음에 반드시 코로 숨을 들이마셔라. 구절과 구절 사이에서 코로 숨을 들이마시면 호흡이 끊이지 않아 순조롭게 이야기할 수 있고, 잠깐의 쉼으로 머릿속도 정리된다. 듣는 상대방도 불필요한 잡음이 없어서 이야기에 몰입할 수 있는 장점이 있다. 다음 문장을 코로 숨을 들이마시고 읽어본다.

▌ 좋은 예
- (코로 숨을 들이마시고) '오늘 회의는 되도록 많은 분들의 의견을 수렴해서 진행하도록 하겠습니다.'
- (코로 숨을 들이마시고) '회의에 집중해 주시고, 필요한 부분은 나눠드린 유인물을 참고하시기 바랍니다.'
- (코로 숨을 들이마시고) '지금부터 오늘 회의의 본론으로 들어가겠습니다.'

별것 아닌 듯 보이지만, 막상 연습하면 '아~, 어~, 그~' 등을 쓰지 않고도 자연스럽게 말을 할 수 있게 된다.

앞에서 언급한 '나쁜 예'와 함께 번갈아 한 번씩 소리 내어 읽으면 뚜렷하게 비교된다는 걸 느낄 수 있을 것이다.

구절과 구절 사이를 코로 호흡을 들이마시면서 얘기하면 머릿속과 말의 흐름이 정리된다.

사실 말을 더듬는다거나, 말의 속도가 점점 빨라진다거나, 앞에 불필요한 단어를 붙인다거나 하는 것들도 호흡만 잘 조절하면 얼마든지 개선할 수 있다.

언어에 대한 중요성이 점차 부각되면서 수많은 언어교정기관 스피치학원, 언어치료연구소 등이 우후죽순으로 생겼다. 그러나 이 분야 역시 좋은 전문가를 만나 좋은 지도를 받는 게 중요하다.

어느 분야나 한발 앞선 노하우와 전문적 지식을 가진 사람들이 있게 마련이다. 다만 그 전문가를 만나기가 쉽진 않다.

언어에 대한 콤플렉스 때문에 일상에서 큰 불편함을 겪고 있는 경우, 근본 원인을 찾아주고 체계적 훈련을 받도록 하면 거의 기대한 성과를 얻을 수 있다.

반대로 검증되지 않은 빈약한 기관에서의 열악한 지도에 의지했을 경우엔 귀중한 시간과 금전적 비용의 낭비 뿐 아니라 심적으로도 큰 상처까지 입게 된다.

그간 '말'로 인해 일상에서 크고 작은 불편함을 겪어도 그저 타고난 것이니 어쩔 수 없다고 체념하고 지내는 사람들을 많이 만나왔다. 또 비싼 수업료를 내고 학원에 다녔지만, 조리 있게 말하는 역량이나 방법을 배우기는커녕, 몇 달 동안 발음 연습이 고작이었다는 지인도 있었다.

학원을 중도하차한 그분이 '발음을 배워 내가 이 나이에 아나운서 지망할 일 있겠냐'라며 투덜대던 일이 생각난다.

이러한 점 때문에 저자는 이 책을 쓰기로 작정했다. 불만스런 자신의 '말'의 문제 때문에 고심하는 분들에게 맞춤형 방식의 적절한 도움을 드리기 위함이다.

'말'은 누구에게나 평등하게 주어진 것이다. 그러나 그 역량은 노력 여하에 따라 변화되는 법이다. 제대로 된 훈련을 통해 자기 것으로 만들자!

4. 매직 단어 '요', 클레임 때에는 어미를 낮게

자신의 목소리에 대해 열등감이나 고민을 가진 사람들이 의외로 많다. 허스키한 음성도 나름대로 매력적이긴 하지만, 대부분의 사람들은 맑고 청아한 목소리를 더 선호하고 갖고 싶어 한다.

'아성(兒聲)'이라는 목소리 유형이 있다. 콧소리가 나는 음성인데, 듣기에 신뢰감을 떨어뜨리기 쉬워 고쳐야 한다.

또 '작은 목소리'의 주인공들도 고민을 많이 한다. 보이스 트레이닝 수업을 하다 보면, 힘없고 작은 목소리로 인해 스트레스에 시달리는 사람들이 적지 않다는 걸 알 수 있다.

이럴 땐 목소릴 멀리까지 보낸다는 생각으로 발성 연습을 해야 한다.

거울이나 벽에 '점'을 찍어놓고 소리를 던진다는 상상을 하면서 신문이나 책을 읽어보는 것도 좋은 방법의 하나가 될 것이다. 또는 입안에 큰 알사탕 하나를 물었다고 상상하고 입술을 가볍게 물어본다. 어금니는 뗀 상황이 되고, 입안에 공기가 머문 듯한 느낌이 온다.

코로 숨을 들이마시고 '음~' 하면 생목소리가 아니라 공기가 부드럽게 울리면서 소리가 난다. 윗니 안쪽에 혀끝을 대고 'ㄴ'을 발음하면서 울림이 감지되면, 그 울림이 앞으로 튀어나간다고 상상하면서 'ㄴ', '나' 발성을 길게 한다.

이때 코, 입 주변을 만져 본다. 손끝에서 부드러운 공명(共鳴)이 전해지면 완성된 것이다. 여기에 지속적 연습 타임은 필수다.

나-는 아름답고 멋지다.
나-는 긍정적인 사람이다.
나-는 선한 영향력을 갖고 있다.

이렇게 계속 연습하다보면 울림이 있고 깊이 있는 목소리를 얻게 될 것이다.

요즘은 일상생활에서 '소통'이 화두다.
퉁명스럽거나 상대방이 불편하게 느낄 만한 목소리를 가진 사람들은 의도와는 달리 쓸데없는 오해를 받게 되는 경우도 생긴다. 목소리 때문에 고민이 따를 수밖에 없을 것이다.

우리는 '감미롭고 매력적인 목소리', '전달이 잘 되는 목소리', '듣기 편안한 목소리'가 많이 요구되는 시대에 살고 있다.

많은 사람들이 바로 '목소리' 때문에 다양한 기회를 놓친다. 드러나지 않을 뿐이다. 그러나 인간관계에서 실제 목소리가 오해를 불러오고, 실패의 원인이 될 수도 있다는 사실조차 파악치 못하는 경우도 많다.

목소리가 잘 안 들린다.
말이 너무 빠르다.
목소리가 듣기 거북하다.

이러한 지적을 받는다면 보이스 트레이닝이 필요하다.

목소리의 중요성을 인지하고 개선하려는 사람들이 날로 늘어나는 추세이고, 계속될 전망이다. 다행히 목소리는 노력과 트레이닝 정도에 따라 개선되는 장점이 있다. 시쳇말로 '하면 된다'이다.

예전엔 단점과 실수를 지적하고 그걸 개선하기 위한 여러 방법을 제시했다. 근래는 의욕을 북돋아 주는 칭찬으로 일의 성과를 올리게 한다. 보이스 트레이닝 역시 칭찬이 중요하다.

'칭찬'은 업무의 효율성도 높이고 커뮤니케이션도 원활하게 해주는 최고의 방법이며 요체다.

잊을 수 없는 학창시절의 추억 중 하나는 너나없이 선생님들에게 매를 참 많이 맞았다는 것이다. 요즘 세상에선 큰일 날 일이 됐지만, 그때는 지각을 해도 맞고, 숙제를 안 했어도 맞고, 질문에 틀린 대답을 해도 맞았다.

끊임없는 꾸지람과 체벌로 얼룩졌던 시절, '오늘은 또 얼마나 맞을까?' 친구들끼리 서로 걱정해주던 기억이 새롭다.

최근의 '칭찬하기 교육'에 익숙해진 젊은 세대는 질책하고 다그치는 상대를 따르지도 못하고, 따르려 하지도 않는다. 장점을 말해주고, 칭찬을 자주 해주다 보면 상대방의 의욕을 이끌어내는 등 여러 면에서 효율적이기에 결과적으론 스스로에게 플러스 요인으로 작용하게 된다.

평소 칭찬하기에 능숙치 못 하고 인색하기까지 한 사람들에겐 어떤 좋은 방법이 있을까? 바로 '매직' 단어라 할 '요'를 잘 활용하는 방법이다.

정말 잘 했어요.

아주 아주 좋아요.

굉장한 능력을 갖고 있군요.

순발력, 실천력이 뛰어나요.

참 예쁘고 좋은 반지를 끼고 있네요.

이런 화법을 자세히 살펴보면 공통적으로 어미에 '요'가 붙어 있음을 알 수 있다. 여기서 '요'를 말할 때 어미를 확실하게 올리는 것이다.

비록 마음에 없는 이야기라도 어미에 '요'를 붙이면 진실한 감정으로 말하는 것처럼 들린다. 단, '요'를 너무 강하게 말하면 상대를 경시하는 느낌을 줄 수도 있기 때문에 세심한 주의가 필요하다.

하기에도, 듣기에도 즐겁고 좋은 말은 서로를 기분 좋게 해주고 신뢰감도 높여주므로 여러 면에서 '플라시보 효과'를 기대할 수 있게 한다.

'요'를 어미 끝에 붙여서 얻는 상승효과를 터득했다면, 클레임 때의 대응은 용이해진다. 경험상 '클레임'은 대부분 감정적인 것일 때가 많다. 상품이나 서비스의 품질보다는 오히려 그걸 취급하는 상담원들과의 사이에서 발생한다. 전화 받는 사람의 말투가 불쾌했다든지, 손님을 대하는 태도가 불량했을 경우, 또 말하는 뉘앙스가 비꼬는 것 같았다는 느낌 등이 그렇다.

실제로 기업체 연수를 가서 들어보면, 콜센터 클레임의 대부분은 서비스나 상품 품질에 관한 내용보다도 담당 상담원들에 대한 불만이다. 왜 이런 일이 발생하는 것일까. 그 속사정을 살펴보면 시사하는 바가 크다.

실제로 상담원이 고객이 불쾌감을 가질 정도로 성의 없이 전화 상담을 하는 경우는 극히 적었다. 평소의 방식대로 응대했음에도 고객들은 상담원에게 불만을 느꼈다. 원인의 대부분은 목소리와 어투였다.

사실 얼굴을 맞대지 않고 전화로 이야기할 때는 친한 사이에서도 오해를 하는 경우가 잦다. 그때그때 목소리의 상태에 따라 달라질 수 있다는 것이다.

서로 얼굴을 보지 않고 이야기할 땐 의도적으로라도 맑고 밝은 톤으로 하는 게 좋다.

클레임 때에는 진심으로 사과하고 있다는 걸 상대가 감지하도록 톤을 점차 낮게 하면서 부드럽게 하는 게 효과적이다. 상대에게 사과의 뜻을 전달할 때는 단어의 어미를 정성스럽게 발성하며, 말의 후반부로 갈수록 음성의 톤을 낮게 하라.

사람에 따라선 무의식적으로 마지막 어미를 높이는 경우가 있다. 그럴 경우 진정성이 느껴지지 않는다. 오히려 상대의 화를 더 돋울 수도 있음을 잊어선 안 된다.

사과를 할 경우가 생긴다면, 지금까지 기술한 요령을 적절하게 활용하길 바란다. 불미스런 해프닝을 능히 피할 수 있을 것이다.

5. 내면의 말은 밖으로 향하는 말의 재료다

현명한 사람은 할 말이 있을 때만 말하고, 어리석은 사람은 말해야 하기 때문에 말한다.

그리스의 철학자 플라톤의 말이다.

일상에서 우리는 얼마나 정확하게 자신이 하고자 하는 의도를 말로서 잘 표현해 전달할 수 있을까?

말의 형태는 여러 가지로 분류된다. 그저 입으로 하고 귀로 듣는 말, 글로 써서 전달하는 말, 휴대전화를 포함한 전화기를 통해서 전달하는 말, 또는 컴퓨터나 SNS를 활용해서 하는 말까지 결국 형태만 다를 뿐이다. 종합하면 모두 '말'이다.

요즘엔 사진이나 이모티콘 등 의사를 표현해 전달하는 방법도 많아졌다. 그래도 자신의 생각이나 감정을 제대로 전달하려면 '쓰고, 말하는' 행위를 통해서 할 때라야 가장 정확하게 이뤄진다. 그러나 비록 많은 말을 쏟아낸다 해도 뜻한 바가 완벽하게 전달되지 않는 경우가 많다. 안타까운 노릇이다.

　다소 껄끄러운 일로 낯선 상대방과 이런저런 이야기를 나누다 보면, 팩트는 오간데 없고 감정만 고조된 상태에서 설왕설래로 끝난 때가 있다. 집에 돌아와 '그때 왜 그 말을 못 했지?' 하며 속상해한다.
　그러나 가족이나 친구, 친지들 앞에선 어떤 사안에 대해 대충만 얘기해도 신기할 만큼 의미가 정확히 전달되곤 한다.
　예를 들어, 어느 지방에선가는 이웃끼리는 '거시기'라는 단어 하나만으로 온갖 의미가 다 전달된다는 이야기는 늘 들어 다들 알고 있잖은가? 말의 오묘함이여!

　우리는 살아가면서 다양한 사람들과 만나고 의사소통을 한다. 아무런 정보도 없는 처음 만난 사람과도 서로 전혀 모르는 상태에서 커뮤니케이션을 할 때도 많다.
　'건축학 개론'이라는 영화가 있었다. 거기서 배우 조정석은 "납득이 돼?"라는 말을 참 많이 한다. '납득'이란 상대가 말하는 내용을 이해하고 인정하는 것을 뜻한다. '음, 정말 그러네' 하고 받아들이는 것이다.

또 '공명, 공감'이라는 것이 있다. 어떤 사실이나 내용에 감명 받아 자기만의 해석을 입히는 경우다. 상대방의 이야기나 감정에 깊이 몰입해 자신의 생각을 대입해 보고 '나도 이 일에 동참할 수 있지 않을까?' 하며 동료가 되기를 스스로 요청하기도 한다.

위의 과정에 앞서 거치는 과정이 있다. 바로 '오해'와 '이해'다.

'오해'는 전달자와 피전달자 사이의 인식의 차이에서 발생한다. 자칫 언쟁으로 발전하기도 한다.

'나는 분명히 말했거든' 했을 때, '난 못 들었거든' 하는 것이 실례다.

'이해'는 상대방의 이야기가 잘 전달됐을 경우에 해당한다. 그러나 이해는 단순한 것이기 때문에 머리와는 달리 마음으론 잘 따라가지 못할 수도 있다.

결론적으로 전달상태는 오해, 이해, 납득, 공감, 공명의 순서로 세분화할 수 있을 것이다. 사실 요즘은 소통 능력이 인간성을 평가하는 잣대가 되고 있기도 하다.

평소에 깊이 생각하지 않고, 나오는 대로 말하는 습성의 사람들을 보면 그 인간성에 대해 실망하게 되는 때도 적지 않다. 이런 이유로 자신의 말의 무게나 깊이에 대해 고심하는 사람들 모습이 많이 눈에 띈다.

'아무리 성의껏 말해도 내 진심이 잘 전달되지 않아요.'

'사람들을 설득시키려 무진 애써도 좀체 들으려 하지 않고 무시해요.'

이러한 경우는 상대방이 이해는 해도 공감이나 납득 상태에는 이르지 못했다는 증거이다.

말의 무게나 깊이에 하자가 있는 까닭이다. 내면의 울림이 결여된 그저 '말'뿐이라는 평가를 받은 셈이다.

'이 사람의 말이라면 믿을 수 있어.'

'희한하게도 말에 몰입하게 되네.'

이러한 반응을 받아낼 정도로 울림을 주는건 내면의 말이다.

떠오르는 생각을 말이나 글로 표현하는 작업은 그리 만만한 게 아니다. 생각을 심도 있게 확장하려면 출발점을 잘 잡아야 한다.

'왜?'라는 질문을 하라. 차원 높은 근본적인 문제에 대해 성찰할 수 있게 된다. 자신에게 '그래서 결국은?'이라는 질문으로 이어진다면, 생각을 옳은 방향으로 진행시킬 수 있게 된다. '정말로 의미가 있는가?'라는 생각은 자신을 되돌아 볼 수 있는 기회가 된다. 지금까지 생각지 못했던 부분까지도 숙고하는 계기가 된다.

생각이 어느 정도 진전됐다면 '진정 의미가 있는가?'를 스스로에게 되물으며 넓은 시야로 대상을 재확인할 필요가 있다.

그러나 생각의 진행이 미진했을 때 '정말로'를 반복하면 모처럼 떠오른 좋은 생각의 말도 쓸 수 없게 되니 조심해야 한다.

아래 방법은 생각이 제자리걸음을 할 때 활용하면 좋을 것이다.

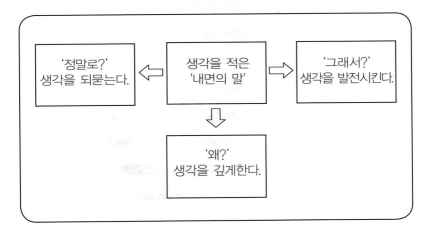

생각의 깊이를 촉진시키는 'T자형 사고법', 이 사고법을 계속 되풀이하다 보면 생각의 깊이는 깊어지고, 폭은 넓어진다.

'왜? 그래서? 정말로?'

이를 반복하면 좌우의 뇌가 자극을 받아 내면의 말이 새롭게 생성된다. 이 세 방법을 잘 활용하여 자신의 생각을 정확히 파악할 수 있다. 내면을 성찰한다면 훌륭한 말의 재료를 더욱 많이 얻게 될 것이다.

6. 태도는 겸손하게, 말은 단호하게

'말' 잘 하는 것이 능력인 시대이다. 스피치가 그 사람의 품격과 능력을 가늠하는 잣대가 되고 있다.

'스피치의 목적이란 무엇인가. 말을 하는 사람이 자신의 생각이나 의견을 정확하고 정중하게 표현해 상대방에게 효과적으로 전달하는 것이다.

말을 많이 하는 직업의 사람들은 일반인들에 비해 타인과 엉뚱한 논쟁을 하게 되는 경우가 생기기 쉽다. 그럴 경우, 사람에 따라선 바로 폭발하든가 아니면 그 상황을 곱씹으며 한동안 가슴앓이를 하기도 한다.

필자가 직접 경험했던 오래된 에피소드 한 토막이다.

페키니즈 종 애완견을 키우던 때의 일이다. 당시 살던 아파트의 승강기 안에서 마주친 처음 보는 아주머니가 말했다.

"저기요, 강아지가 꼭 돼지 같네요."

다분히 공격적 뉘앙스를 풍기는 말이었다.

강아지 이름은 '발밤'('하릴없이 발길 닿는 대로 천천히 걷는 모습'이라는 순 우리말)이었다. 운동량에 비해 먹는 걸 훨씬 더 밝히던 탓에 살이 찐 상태였다.

"네, 돼지 맞아요. 얘가 개로 보이시나요?"

필자의 반격(?)에 얼굴이 벌게진 아주머니가 도망치듯 허겁지겁 사라졌다.

말투는 지극히 겸손하면서도 그 내용은 단호한 것이 주효한 결과였던 셈이다. 만약 그 상황에서 화를 내면서 "남의 개를 보고 돼지라니요?"라는 등 언성을 높였다면 어찌되었을까. 볼썽사나운 언쟁이 됐을 터이고, 언짢은 기분으로 하루를 망쳤을 것이다.

이와 유사한 경우와 부딪칠 때가 있기 마련이다. 자칫 어긋나면 하찮은 감정싸움이 엉뚱하게 번질 우려도 있다. 바로 말의 위력인 동시에 위험 요소이다.

스피치를 잘하기 위해서는 이야기의 소재가 분명하고 확실해야 한다. 더불어 자신의 이야기를 증명할 수 있는 데이터가 풍부하고 정확해야만 한다. 효과적 결과를 원한다면, 말을 전달할 때 어떤 분위기나 상황 속에서도 적절하게 대처할 수 있는 자신감과 진정성 여부가 중요하다.

대화법의 기능은 말하는 사람의 생각과 전하려는 내용에 따라 구별된다.

'설명기법'은 듣는 사람이 잘 모르는 이야기나 새로운 펙트를 알게 해주기 위한 방법이다.

'설득기법'은 상대방을 설득하여 어떤 상황이나 사실을 믿도록 하는 것이다.

'환담기법'은 단지 대화하는 상대와 친분 관계만을 유지하려는 의도에서 비롯된다.

'환기기법'은 화자의 느낌이나 감정을 드러내는 것이다.

틀에 얽매이지 않고 말하는 화법은 '회담, 대화, 좌담' 등으로 나눌 수 있다. 다수의 청중을 상대로 자신의 생각이나 주장이나 펼치는 방법은 '연설'이다. 이는 보고, 설득, 환담 등이다.

'토론'은 어떤 문제나 사안에 있어서 찬성이나 반대의 증거를 제시해 상대방을 설득시키기 위한 말하기의 형식이다. '토의'는 여러 참가

인원이 합심 협의해 당면한 문제를 해결하려는 말하기의 형식이다. 두 형식엔 세미나, 심포지엄 등에서 사용된다.

직접화법과 간접화법도 우리가 자주 사용하는 대화 방식이다. 특정인의 생각이나 의견을 거르지 않고 그대로 전달하는 것을 '직접화법'이다. 자신이 특정인의 말을 인용해서 말할 땐 '간접화법'이라 한다.

요즘 시쳇말로 '돌직구'라고 하는 건 전자에 해당된다. 간접화법은 어떤 상황을 객관화한다거나 또는 어느 특정한 인물의 저서나 어록을 인용하는 것이다.

사람은 태어나면서부터 평생 '말'과 함께 살아가고 있기에 많은 사람들이 말이란 걸 참으로 쉽게 생각하는 경향이 농후하다. 그러나 실제로 말을 제대로 하는 것만큼 어려운 일도 없다.

그래서 그런지 시중엔 화법에 관한 참고문헌도 많이 나와 있다. 이른바 '스피치학원'이란 곳이 성업 중인 이유이기도 하다.

말하는 법칙이나 요령을 제대로 배우지 않으면 횡설수설, 말의 체계가 없다. 그러다 보면 매사에 자신감을 상실할 수밖에 없다. 말의 어미를 정확하게 발음하고, 언제 어디서나 당당한 자신의 목소리를 낼 수 있게 된다면 어떤 경우에 처해서도 의연하게 대처할 수 있게 될 것이다.

제대로 말할 줄 아는 사람들은 예상치 않은 논쟁이나 언쟁에 처했을 때 상대를 제압하려고 사력을 다하지 않더라도 패하는 적이 별로 없다. 단지 상대의 의도를 파악해 '태도는 겸손하게, 말은 단호하게' 하면서 상대방의 잘못을 스스로 깨닫게 하는 게 중요하다.

　다혈질의 사람들일수록 감정이 혼란스러워지면 호흡이 가빠지고 말도 빨라진다. 그러면 사태가 엉망으로 꼬이게 되고 만다.

　말을 많이 하는 것과 말을 잘하는 것은 엄연히 다른 것이다. 말은 늘어뜨리지 말아야 한다. 명쾌하게 팩트만 전달해야 한다.

　말하기는 팩트 플러스 리플렉팅(공감) 플러스 의연함이다. 복식호흡도 필요하고, 의도적으로 다소 느리게 말하는 습관 역시 필요한 덕목이다.

　최근에 우리는 '소통'이란 말을 많이 듣고, 많이 쓴다. 소통이란 바로 의사소통을 이르는 것이요, 말로서 이뤄지는 것이다. 이때 바른 자세, 바른 억양, 바른 목소리를 통해 원활한 의사소통이 가능해진다.

　그러므로 명심하라.

　태도는 겸손하게! 말은 단호하게!

7. 사람의 마음을 사로잡는 '손 제스처'

사람이 몸으로 표현할 수 있는 동작은 70만 가지 이상이라고 한다. 참으로 놀랍지 아니한가.

누구나 상대방의 몸짓에 대해 그게 어떤 의미인지, 뭘 표현하려는 것인지를 정확히 알아내려고 한다. 대부분의 사람들은 남들과 대화할 때 상대의 '몸짓언어'에 대해 거의 본능적으로 해석한다고 한다.

요즘은 각종 발표회, 포럼, 세미나 등등 사람들 앞에서 스피치 할 기회가 많다. 그런 자리에서 스피치 하는 사람이 청중의 마음을 사로잡고 싶어 하는 건 당연하다.

적극적으로 '손'을 활용하라.

이미 언급했듯, 억양이 있는 말투를 사용하고, 몸동작과 손동작을 쓰는 게 중요하다. 강단에서 동상처럼 서서 전혀 움직임 없이 말로만 주제를 이어가면 청중들은 지루해 한다. 심지어 졸기까지 하는 모습을 우리는 얼마나 많이 보았나.

'제스처'는 나를 표현하는 가장 좋은 '언어도구'이다. 시의적절 하게 활용하면 의사전달이 훨씬 효과적으로 될 것이다.

그렇다면 스피치에 도움을 주는 제스처는 과연 어떤 것일까?

오바마 전 미국 대통령이나 스티브 잡스처럼 스피치에 능한 사람들은 제스처가 크거나 폭이 넓은 걸로 유명하다.

오바마 전 대통령은 스피치에서 특히 손을 잘 활용하는 걸로도 정평이 나 있다. 손을 가슴에 얹거나 적당하게 흔들고, 손가락으로 포인트를 짚는다. 또 가끔 굳은 의지를 말할 땐 주먹을 불끈 쥐기도 한다. 전 세계 사람들을 열광시킨 건 그만큼 제스처의 힘이 크게 작동한 결과다.

스티브 잡스의 경우는 감각적인 터치로 유명하다. 본인의 감정과 생각을 스피치에 가장 잘 녹이는 인물로도 꼽힐 정도다.

그의 특유의 설득 스피치에는 자신만의 독특한 제스처들이 적절하게 스며있는 것이다. 손을 가운데로 모으거나, 두 팔을 넓게 벌리기도 하며, 중요 주제에 대해 말하기 전에 턱에 손을 올리는 것 등이다. 그게 듣는 사람들로 하여금 말하고자 하는 내용을 짐작하게 하거나 집중하게 만드는 효과를 발휘하는 것이다.

수많은 영화에서도 대중을 사로잡는 명 연설가들의 멋진 제스처는 얼마나 감동적이었던가? 영화 속의 청중들의 연기에 휩쓸리며 함께 감격하곤 했던 경험은 누구에게나 있을 것이다.

그와 같은 감각적 터치를 잘 활용하면 누구라도 스피치에 자신감이 붙을 것이다. 대중들 앞에서 당당하게 스피치 하는 사람들의 공통점은 이러한 '몸짓언어' 즉 제스처를 능수능란하게 활용한다는 점이다.

평소에 이야기할 때도 다소 과장된 제스처를 활용하면 사람들의 이목과 관심을 끌 수 있다. 제스처를 자유자재로 구사하기 위해선 준비한 내용에 대한 자신감도 필요하지만, 갑자기 되는 게 아니므로 평소에 저절로 몸에 익도록 노력하는 게 필수다.

명확한 제스처와 자연스런 태도가 스피치에 주는 영향을 살펴보자.

매우 간단하면서도 효과적이고, 목소리에 메리트를 더할 수 있는 건 무엇일까?

바로 상대방에게 손을 내미는 제스처다. 자기 앞에 있는 사람을 지목한다는 느낌으로 청중을 향해 손가락으로 가리킨다. 이 동작을 할 때 팔은 위에서 아래로 천천히 내리면 더 좋다. 우선 손과 두 팔이 자신이 표현하고자 하는 내용(문장이나 단어)의 흐름을 뒷받침하는 모양인지 여부가 대단히 중요하다.

올바른 제스처란 한 마디로 간단하게 정의하면 '말의 내용을 몸으로 표현하는 것'이다.

"앞으로 큰 변화와 발전을 기할 수 있다고 생각하지 않으십니까?"

앞의 문장을 말할 때는 물론이고, 다음 문장처럼 강조할 때도 손을 내밀며 말해보자.

"경청하세요, 이 부분이 아주 중요한 역할을 합니다!"

이 몸짓 하나만 사용해도 능동적, 적극적 자세로 비쳐 청중에게 어필할 수 있다. 이 제스처의 좋은 점은 팔을 위에서 아래로 움직이는 동작이기에 발성도 용이하다는 점이다. 앞에서 소개했던 '머라이언 발성'과도 유사한 동작이다.

간단하고 쉽게 보이지만, 막상 연단에 섰을 때는 실행하기 쉽진 않다. 사전에 거울을 보며 연습해 둬야 실전에서 자연스럽게 활용된다. 따라서 손 제스처를 잘 하려면 자신이 말하려는 내용을 잘 숙지하는 게 우선이다.

숫자나 수치를 말할 때는 손가락 제스처를, 뭔가 비교를 해야 할 때는 두 가지의 다른 제스처를 준비해서 적절하게 활용하는 게 중요하다.

단, 소수의 인원 앞에서 손 제스처를 너무 과장되게 사용하면 역효과를 낼 수도 있다는 걸 명심해야 한다. 대략 50~100명 이상의 청중 앞에서 사용하면 안정적으로 보인다.

자연스럽게 나올 수 있는 게 손 제스처라지만, 이것도 긴장된 상황에서는 어색하고 덜 세련돼 보이는 경우가 있다.

자연스런 제스처도 사실은 많은 연습을 통해서 나올 수 있는 것이다.

손 제스처는 격식이 갖춰진 자리에서는 어깨 너머로 손을 벌리지 않는 게 정돈된 느낌을 준다.

반대로 어깨 너머로 손을 벌리게 되면 활발한 느낌과 생동감을 준다.

다시 말해 즐거운 분위기를 낼 수 있는 장점이 있는 것이다.

그리고 손 제스처는 말과 동시에 나오는 것이 자연스럽다.

손 제스처를 먼저 한 후 강조할 부분을 한층 큰 소리로 이야기한다면 청중들이 더욱 귀를 기울일 수도 있으니 그것도 참고하면 좋을 것이다.

손 제스처가 중요하지만, 발동작 역시 신경을 써야 한다.

청중들 앞에 섰을 때 발이 통제가 안 되는 사람이라면 연단 뒤에 다리를 가린 채 스피치 하는 것도 좋다. 듣는 사람들 앞에서 짝다리를 짚는다거나, 부자연스러운 자세를 취한다면 청중들에게 부정적

이미지로 각인될 수 있다.

특히 중요한 대목은 표정이다. 누구나 긴장하게 되면 자신도 모르게 표정이 굳어지고, 말하는 것에만 열중하다 보면 웃는 표정이 사라질 수 있다.

웃는 표정관리만 잘 돼도 프로다운 모습을 보일 수 있다, 늘 명심할 대목이다. 잊으면 손해, 방심은 금물이다.

8. 내면의 말을 종이에 옮겨 적자
-키워드 훈련

'스피치'란 제한된 시간 내에서 하고자 하는 이야기를 조리 있게 잘 전달하는 것이다. 시간에 제한 없이 이런저런 말을 잡다하게 늘어놓는 수다나, 해도 그만, 안 해도 그만인 잡담과는 그 성격이 전혀 다르다.

제한된 시간이라는 걸 염두에 두고 중요한 주제 이외의 부수적인 것들은 과감하게 버리는 게 매우 중요하다. 그러기 위해선 주제의 핵심을 이야기를 통해 명쾌하게 정의 내리고, 바르게 전달하는 게 제1의 조건이다.

프레젠테이션의 달인이라던 스티브 잡스도 '아이패드2'가 출시됐을 때 핵심적 문장 한 줄로 그 제품에 대해 설명했다.

'더 작고, 더 가볍고, 더 빨라졌다.'

이렇듯 제품의 여러 장점을 절묘한 한 줄의 문장으로 표현해 많은 사람들의 감탄을 자아냈다. 핵심의 중요성을 간파해서 표출한 좋은 예라 할 것이다.

상대방에게 전달하고자 하는 메시지의 핵심이 무엇인지를 정확하게 파악하는 것, 이것이 바로 스피치를 '설득 스피치'로 거듭나게 해주는 핵심이다.

여러 마리의 토끼를 쫓기보다 한 마리의 토끼를 잡아야 성공한다.

스피치에서 명심해야 할 말이다. 그저 두서없이 많은 이야기를 하다 보면 듣는 사람들은 피곤하기만 할 뿐이다. 머릿속에 남는 거라곤 없게 된다. 선택과 집중이 꼭 필요한 것이다. 그래야 청중도 쉽게 이해하면서 좋은 인상을 갖게 되는 건 당연지사다.

아무리 스피치를 잘하는 사람이라도 단어와 단어 사이가 연결이 잘 안 되면 진행 상황이 매끄러울 수가 없는 법이다. 미리 생각을 정리하는 연습이 필요하다. 청산유수처럼 막힘없이 말을 잘하려면 '키워드 훈련'을 통해 꾸준히 연습해야 한다.

이야기를 전환할 때는 어색함이 없어야 한다.

평소에 사람들과 대화하다 보면 주제가 한 방향으로 흐르지 않는 경우를 많이 보게 된다. 주어도 없는 말을 횡설수설하다가 또 다른 이야기로 다급하게 전환하는 사람들이 의외로 많다. 이야기의 맥도 끊어지고, 신뢰감도 떨어질 수밖에 없게 된다.

예를 들어 자신이 어느 미지의 장소로 여행을 떠났다고 가정해 보자.

누군가의 차에 동승했다. 차창밖엔 이정표도 자세하지 않고, 자동차 안엔 내비게이션도 없다면 현재의 위치를 몰라 답답하지 않겠는가. 또 상황에 따라선 두렵기까지 할 것이다.

'스피치'도 동일하다. 차를 운전하는 사람이 위치를 알고 운전하듯, 말하는 사람은 물론 알고 이야기하겠지만, 듣는 사람의 입장에선 남의 차에 동승한 사람과 마찬가지 상황에 처하게 된다. 구체적이지 않은 스피치는 화자가 전달하고자 하는 메시지가 청중들에겐 좀체 이해가 되지 않는다.

이때 이정표나 내비게이션 역할을 해주는 키워드 훈련을 통해서 터득한 방법을 활용하라. 단어와 단어 사이를 연결해주면 말하는 사람이 전달하려는 내용의 밀도는 높아지고, 당연히 듣는 사람들의 이해도는 훨씬 증진된다.

학생들에게 스피치 중 고민스러웠던 경우를 물으면 자주 나오는 대답이 있다.

'제가 말을 하면서도 무슨 말을 하는지 잘 모르겠어요.', '상대에게 논리적으로 이야길 하려고 늘 애쓰지만, 하다보면 엉뚱한 방향으로 가요.', '머릿속으로 잘 정리한 내용들을 제대로 전달하지 못 한 것 같아 아쉬워요.' 등이다.

그렇다면 원인이 무엇일까.

하나의 이야기를 잘 전달하려면 그 이야기를 논리적으로 구조화해야 한다. 생각과 생각 사이를 매끄럽게 이어주는 연결고리가 있어야한다. 이 연결의 구조화가 제대로 되지 않으면 그야말로 내로라하는 말꾼이라도 횡설수설할 수밖에 없다.

체계적인 스피치를 위해선 소통과 공감이 필수이다. 원활한 의사 진행을 위해서는 '의사 결정 과정'을 거쳐야 한다.

사실 대중 앞에 서본 경험이 적거나 아예 없는 사람들에겐 스피치, 프레젠테이션 등은 아주 힘든 일이다. 두렵기까지 할 것이다. 실제로 우리나라 직장인 10명 중 9명은 업무와 관련된 사안을 발표해야 할 때, 크게 스트레스와 부담감을 느낀다는 통계도 있다.

그렇다면 말하기에 대한 두려움에서 탈피해 매끄러운 스피치 능력을 갖기 위해선 어떻게 해야 할까? 한 마디로 노력과 트레이닝이 필요하다.

스스로 연습을 많이 했다고 자부해도 전문가의 피드백 없이는 한계가 있게 마련이다. 그러므로 지도하는 사람은 학생들 숫자가 아무리 많더라도 한 명씩 일일이 실습 위주의 지도를 해야 한다.

일단은 혼자 연습을 하더라도 듣는 이들이 앞에 있다고 가정하면서 대화식으로 하는 게 좋다. 타인의 감정과 생각을 공유하는 게 중요하다.

혼자선 도저히 안 된다고 판단될 때 필요한 대상이 바로 '스피치 전문가'인 것이다. 전문서적들 중에서 잘만 선택하면 좋은 참고가 될 저서들이 있을 것이다. 그래도 뭣보다 중요한 건 배우고자 하는 의지와 노력이 아니겠는가.

그럼 지금부터 '키워드 훈련'을 자세히 해보자. 핵심은 다음과 같다.

무엇을 말하려 하는가?
어떻게 말하려 하는가?

즉석 연결 문장 만들기가 포인트인데, 일명 '단어 연결성 훈련'이라고 한다.

내가 사용하는 키워드가 몇 개 정도면 강의가 매끄러울까? 또 프레젠테이션, 상담 등을 할 때 편리할까? 이 점을 미리 염두에 두는 것이다.

미션은 자신이 생각하는 키워드, 15개를 적어라. 그 키워드를 선택한 이유를 생각하라.

예를 들어 다음의 키워드를 정했다고 하자.

'대중문화, 행복, 열정, 진심, 가족, 재미, 소통, 멋진 삶, 지혜, 사랑, 우리, 비움, 채움, 공감, 정직'

15개를 다 적었으면 그중 가장 마음에 와닿는 5개의 키워드를 추려낸다.

'행복, 가정, 소통, 지혜, 사랑'

이 단어들을 연결해 본다.

"'행복'한 '가정'은 '소통'과 '지혜'가 필요하다. 그 중 가장 중요한 것은 '사랑'이라고 생각한다."

순서는 상관이 없다. 다만 논리적으로 연결하면 생각도 정리되고, 말도 매끄러워진다. 이런 연습을 꾸준히 한다면 어떤 모임이나 발표장에서도 말에 막힘이 없을 것이다. 조리 있게 말 잘 하는 사람으로 인정받게 될 것이다.

예를 더 들겠다. 얼핏 생각나는 영화 제목들을 나열해보기로 하자.

'러브 스토리, 사운드 오브 뮤직, 사랑과 영혼, 위플래쉬, 초원의 빛, 맘마미아, 돌아오지 않는 강, 반지의 제왕, 해리포터, 죠스, 스타워즈, 아마데우스, 라라랜드, 바람과 함께 사라지다, 카사블랑카'

다시 5개의 키워드로 정리한다.

'사운드 오브 뮤직, 라라랜드, 바람과 함께 사라지다, 돌아오지 않는 강, 맘마미아'

이 키워드를 활용해 보자.

"내가 제일 좋아하는 영화 장르는 뮤지컬이다. '사운드 오브 뮤직'과 '라라랜드'는 잊을 수 없는 최고의 뮤지컬이지만, 최근에 본 '맘마미아2'도 전편 못잖게 신나는 노래와 춤이 넘친다. 서부극 '돌아오지 않는 강'에서 마릴린 몬로가 직접 부르던 주제가는 얼마나 매혹적이었던가. 그래도 '바람과 함께 사라지다'가 장르는 다르지만 오래 기억될 최고의 명화라는 생각엔 변함이 없다."

하나만 더 해보자. 누군가가 자신이 좋아하는 외국 배우들이라며 제시한 이름들이다.

'엘리자베스 테일러, 알랭 들롱, 마릴린 몬로, 엠마 스톤, 에단 호크, 리즈 위더스푼, 나탈리 우드, 제임스 딘, 비비안 리, 메릴 스트립, 다니엘 데이 루이스, 레오나르도 디카프리오, 덴젤 워싱턴, 줄리엣 비노쉬, 제니퍼 로렌스.'

이들 중 자신이 평소 선호하던 다섯 명을 추린다.

'엘리자베스 테일러, 알랭 들롱, 메릴 스트립, 다니엘 데이루이스, 제니퍼 로렌스'

"최고의 미남, 미녀 배우 대명사는 오랫동안 '알랭 들롱'과 '엘리자베스 테일러'였다. 그래도 남녀 연기의 달인이라면 '다니엘 데이 루이스'와 '메릴 스트립'을 꼽아야 할 것이다. 그런데 최근엔 용모와 연기 면에서 출중한 배우들 중 '제니퍼 로렌스'가 가장 돋보인다."

말하는 것에 자신이 없고, 생각이 뒤죽박죽인 사람들은 항상 이야기하기 전에 키워드를 15개 정도 나열하고, 그 단어들을 연결하는 트레이닝을 열심히 할 필요가 있다.

어느새 달변가가 돼 있는 자신을 발견하게 될 것이다.

누구나 말을 앞세우다 보면 실수하게 마련이다. 종이에 적는 연습을 꾸준히 해 그게 습관이 되게 하고, 이후 자신감이 붙으면 머리로 연상하고 말로 토로하라. 그러면 실수도 적어지고, 물론 말도 잘 할 수 있게 된다.

말하고자 하는 내용을 기승전결로 나누어서 각기 한 장면으로 기억해 저장하자. 결국은 생각을 정리하는 과정이 꼭 필요하다.

스토리를 만들어 하고자 하는 말을 효율적으로 전달하자.

9. 프레젠테이션의 달인

'프레젠테이션'에 대해 물으면 대부분의 사람들은 대답한다.

'자료 만들기, 공포, 준비, 성공, 실패……'

그렇다면 '프레젠테이션의 달인'이란 무엇을 뜻하는 것인가? 일명 '프레젠테이션 마스터'라고도 부르는데, 전하고자 하는 메시지를 청중들 앞에서 재미와 감동이 있는 이야기로 전달하며 교감할 수 있는 사람을 일컫는다.

얼핏 쉬운 것 같아도 실은 매우 어렵다. 그래도 우리 주위엔 '열린 소통'을 바라는 사람들이 아주 많다.

이야기는 인간이 항상 사용해 온 커뮤니케이션 법이다. 뛰어난 프레젠테이션에는 '이야기'라는 요소가 항상 결부돼 있음을 기억하라.

『프레젠테이션 젠』이라는 책의 한 구절이다.

사람들이 듣고 싶어 하는 건 단지 정보의 나열이 아니다. 효율적으로 짜인 흥미 있고 유용한 이야기라는 것이다.

필자는 학생들에게 과제로 '조별 프레젠테이션'을 만들어 발표시킨다.

보고 읽는 것조차도 제대로 안 되는 학생들이 있는가 하면, 의외로 무대를 휘저으며 자유자재로 발표력을 과시하는 학생들도 있다.

그럼에도 늘 아쉬운 점은 있다. 뭔가 조금 더 이야길 해야 하는데, 2%가 부족하다는 것이다.

〈나의 현재 상태〉

■PT 자체가 부담스럽다　　■가슴이 두근거린다

■얼굴이 후끈거린다　　　■표정이 굳어진다

■말이 빨라진다　　　　　■시간을 못 맞춘다

■청중을 쳐다보지 못 한다　■빨리 끝내고 들어가고 싶다

■손발이 후들거린다　　　■목이 메고 갈라진다

■열심히 준비한 내용이 잘 기억나지 않는다

■나도 내가 무슨 얘길 하고 있는지 잘 모른다

■끝나고 생각해보면 꼭 빼먹은 것이 있다

■초반에 긴장한다

이 중 몇 개의 항목이 체크되는가?

평균 체크 항목이 4개 이내인 사람들은 '프레젠터'로서의 전문가적인 자질을 가지고 있는 것으로 평가할 수 있다.

일반적으론 많은 사람들에게서 5~9개 정도이다. 경험이 충분치 않거나, 트레이닝이 부족한 사람들은 10개 이상이다. 이런 경우는 기본에서부터 체계적인 훈련이 필요하다.

그러나 중요한 점이 있다.

열네 가지 중 열세 가지엔 문제가 없다 해도 청중들과 이른바 '아이 콘택트'가 안 된다는 점이다. 그런 성향의 당사자에게 성공률을 물어보니 불만족스럽단다. 청중들로선 몰입과 설득이 덜 되니, 실패로 여기는 셈이다.

훌륭한 프레젠터가 되기 위해선 위 도표의 열네 가지 항목 모두를 잘할 수 있도록 꾸준히 연습하고 훈련해야 한다.

프레젠테이션을 할 때, 아무런 준비도 없이 발표석에 서는 사람은 없을 것이다. 반드시 이야기할 내용을 메모하거나, 원고를 정리한다. 당연히 청중들 앞에선 본인이 미리 준비한 것들을 토대로 이야기를 진행한다.

작성된 원고의 완성도 수준이 행사 성공 여부로 이어진다. 쓸모없는 표현이나 내용이 많으면 프레젠테이션이 방향감각을 잃게 된다. 결과적으로 실패한 발표로 귀착되는 것이다.

프레젠테이션의 준비나 연습은 아무리 과해도 지나침이란 없다. 반복을 거듭할수록 자신의 것이 된다. 자신감이 배가된다.

특히 중요한 미팅이나 발표장에서 깔끔하게 프레젠테이션 하는 모습은 멋지고 보기 좋다. 스티브 잡스처럼 좌중을 압도할 때는 마냥 감탄스럽기까지 하다.

우리는 '스토리텔링'이라는 말을 자주 쓴다.

한 단어라고 인식하는 경우가 많은데, 실은 'Story'+'Tell'+'ing'가 합쳐진 단어다. Never Ending Story, 즉 '이야기 중'이라는 걸 의미한달까?

다시 강조하지만, 프레젠테이션은 얼핏 쉬워 보여도 고도의 기술을 요하는 행위이다.

우선 세 부분으로 나누면 한결 수월해진다.

①발표의 전체적 이야기를 어떻게 할 것인가?(이야기 구성)

②이야기를 어떻게 흥미 있는 슬라이드로 구성할까?(시각화 하기)

③구성한 자료를 어떤 방식으로 잘 전달할까?(자유자재로 연출하기)

1번과 2번은 대체적으로 잘한다. 그러나 3번 항목은 쉽지 않다. 이 역시 열정적 연습만이 정답이다.

프레젠테이션에선 '이야기 구성'이 정말 중요하다.

①흐름에 따른 이야기 전개: 정보 수집–정보 분석–메시지 선정–이야기라인 구성–시청각자료 준비–리허설 순으로 이야기를 진행하면 부드러운 프레젠테이션이 될 수 있다.

②논리적인 이야기 전개: 예전 국어 수업시간에 배운 귀납법, 연역법을 사용한다. '귀 밑에 연두색' 하면서 외우던 재밌는 기억이 떠오르는 말이다. 귀납법은 '미괄식'으로, 근거를 문장 맨 앞에 제시하고, 결론으로 끝맺는 논리법이다. 연역법은 '두괄식'으로 결론을 서두에, 근거를 문장 말미에 제시하는 논리 전개 방식이다.

③문제 해결형 이야기 전개: 문제도출–문제의 원인 진단–문제의 해결 방법 제시 순으로 진행한다. 이 방식대로 프레젠테이션을 전개하면 그 목적에 부합하는 소기의 성과를 거둘 수 있을 것이다.

그렇다면 오프닝에서 이야기 전개까지를 어떻게 구성해야 과연 훌륭한 프레젠테이션이 될까?

①주제를 나타낼 임팩트 있는 헤드라인을 제시하라.

　예 오늘 ○○○은 휴대전화를 다시 발명할 것입니다.

②일관성 있게 명확한 주제를 제시하라.

③시작하기 전에 개요(틀)를 설명하라.

④섹션 별로 오프닝과 클로징을 명확하게 하라.

⑤열정을 보여라. 청중들이 집중하고 몰입할 수 있도록 발표자가 먼저 정열적 태도를 보이는 게 중요하다.

⑥경험을 펼쳐라. 정확한 숫자, 통계 등을 적절히 제시하고, 자신이 소중하게 여기는 경험을 십분 활용하라.

이런 여러 조건들이 잘 조화를 이룬다면 누구나 '프레젠테이션의 달인'이란 소릴 듣게 될 것이다. '스피치가 스펙을 이긴다', Let's Go.

10. 말은 그 사람 자체다

말은 그 사람이 전하는 향기와 같다.

일상에서 아름다운 말을 하거나 글을 쓰면 향기가 은은히 번져나가듯 주위를 향기롭게 한다. 반대로 저속어, 비속어는 세상을 미세먼지처럼 오염시킨다.

사람이 다른 사람의 마음을 움직여 설득하거나 감격스럽게 한다는 건 결코 쉬운 일이 아니다. 그러면 말의 가치는 어디서 기인할까? 가족이나 친구, 직장 동료 등 여러 사람과의 관계로부터 나온다.

평소 말을 잘 하고, 표현력이 뛰어난 사람들을 보면 참 지혜로운 사람으로 여기게 된다. 사람에 따라 첫인상에선 그다지 호감을 주지 못한 경우라도 대화를 할수록 좋은 점수를 주게 되는 사람도 있다.

반대 경우의 사람도 흔하다. 그들은 좋은 인상과는 달리 말을 나눌수록 상대에게 불쾌감을 주고, 자신의 가치를 스스로 훼손시킨다.

'말은 팩트'이다. 사실을 사실대로 전달할 수 있는 것 자체가 능력이요, 지혜다. 그러나 '말을 잘한다'는 이야길 듣기 위해 팩트를 부풀리거나 심지어는 거짓으로 꾸며낸다면 문제가 생긴다. 쉽게 들통 나기도 하지만, 그럴 땐 믿을 수 없는 사람이 되고 만다.
어느 영화 대사가 떠오른다.

인간관계의 돌발상황에서 현명한 자는 다리를 놓지만, 우둔한 자는 담을 쌓는다.

말은 팩트로부터 출발해 팩트로 마무리가 되어야 한다. 그래야 사람과 사람 사이에 소통의 다리가 생긴다.

말은 누구에게나 공평하다. 단 한 사람을 대상으로 이야기한다 해도 여러 사람에게 하는 것과 똑같이 해야만 한다. 결국은 개개인이 모여 집단이 되고 사회를 이루는 것 아닌가.
그러나 말에 진정성을 담기 위해선 시각을 달리해야 한다. 전체 속에서 한 개인을 염두에 두어야 한다. 여러 사람을 대상으로 삼으면,

전달 메시지가 막연해진다. 말의 조리를 기대하기 어렵다. 내용도 애매모호해지기 쉽다.

그러므로 여러 사람이 모인 자리에서 자신의 생각을 상대에게 잘 이해시키려면 전체를 바라보지 말고, 한 명 한 명에게 말하는 것처럼 해야 한다. 준비과정에서부터 단 한 사람의 얼굴을 떠올리며 어떤 방법으로 감정과 정보를 잘 전달할 것인가에 대한 목표를 세워야 한다.

대중들에게 전하고 싶은 말이 있다면, 가족이나 친지를 상대로 정하고 그들이 공감할만한 단어들을 생각해 보는 것이다.

예를 들어 옷이나 핸드백을 생각할 땐 멋 부리기를 좋아하는 친구를 떠올린다. 그녀라면 '이런 옷은 싫어하겠지?', 아니면 '이 핸드백을 보면 반할 거야'라는 식이다.

상대의 얼굴을 구체적으로 떠올리며 말한다면, 더욱 생동감 있는 알찬 내용의 말이 될 것이다. 상대방을 떠올리지 않으면 말의 기준과 내용이 모호해지는 것이니 항상 의도하는 바를 얻기 위해선 이 방법을 열심히 노력하며 연습해야 한다.

단, 여기엔 함정이 하나 있다. 의도하는 바가 한 사람에게 잘 전달됐다고 해서 그게 모든 사람들이 공감하는 건 아닐 수도 있다는 것이다.

어찌 모든 사람들의 개성과 생각과 가치관 등등이 똑같기를 바랄 수 있겠는가. 여러 상대의 마음을 다 얻는다는 게 힘들 수밖에 없는 이유다.

그러나 단 한 사람에게라도 감동을 준다면 여러 사람들에게 귀감이 될 수 있다. 이때 말의 '진정성'은 제일의 필수 조건이다.

그러나 아무리 좋은 말이라도 누구의 마음도 움직이지 못한다면 허망할 수밖에 없는 노릇이다. 결과에 대한 세밀한 분석 역시 필수다.

현대는 바야흐로 매스 미디어의 시대, 우리는 좋든 싫든 '말의 홍수' 속에서 살고 있다. 그렇다면 매스 미디어의 사명은 과연 무엇인가?

사람들의 말을 올바르게 지도하고 순화시키는 것이다. 그런데 현실은 어떤가? 한 마디로 완전한 '역주행'이다.

요즘 아이들은 얼마나 욕설이 심각한지 살펴보라. 아예 욕설을 입에 달고 사는 사람들도 심심찮게 보게 된다. 이게 다 어디서 연유된 것일까는 새삼 재론의 여지가 없다.

해맑은 모습으로 뛰어노는 천진난만해야 할 아이들 입에서 험악한 말들이 나오는 순간, 참 안타깝고 걱정스러워 마음이 답답하고 천근만근 두껍다. 가정에서건, 학교에서건 입시교육 아닌 '인성교육'이 더욱 절실하게 요구되는 시점이다. 저속어 사용이 일상화되다 보면 그 사람의 인격마저 피폐해지는 건 불 보듯 훤한 노릇이다.

언어가 거친 사람은 분노를 안고 있는 사람이다.

그렇다. 부정적 언어 습관의 사람은 마음에 두려움이 있는 것이다. 반면 항상 다른 사람을 격려하는 사람은 자신의 마음이 따뜻하기 때문이다. 늘 진실을 담아 예의를 갖춰 얘기하는 사람은 마음이 담대하다. 우리의 언어 습관이 어느 쪽을 향해야할지 시사하는 바가 크다.

말은 그 사람 자체이며, 인격이며, 향기다.

참고문헌

『1분 목소리 트레이닝』, 아키다케 토모코 지음, 김은혜 옮김, ISSTORY

『말이 무기다』, 우메다 사토시 지음, 유나현 옮김, 비즈니스북스

『봄온』, 2013년 방송진행전문가 스마트 클래스 교재

『스피치를 부탁해』(e-book), 이정미, 비센샤프트